秒懂直播口才

张莹 姜梅 | 编著

人民邮电出版社

北京

图书在版编目（ＣＩＰ）数据

秒懂直播口才 / 张莹，姜梅编著. -- 北京 ：人民
邮电出版社，2024.6
ISBN 978-7-115-63530-3

Ⅰ．①秒… Ⅱ．①张… ②姜… Ⅲ．①网络营销
Ⅳ．①F713.365.2

中国国家版本馆CIP数据核字(2024)第013209号

内 容 提 要

随着直播行业的兴起，越来越多的人选择面对镜头成为主播。然而，
直播场景的复杂多变，要求主播具备出色的说话技巧。

本书是一本涵盖多种直播场景的话术指南。全书共 7 章，通过示例和
解析介绍了直播开场、互动交流、产品讲解、打消顾虑、场控协助、致谢
下播和紧急应对等场景下的实用话术。

本书可作为直播新手的入门教程，也可作为直播老手的进阶指南。

◆ 编　著　张　莹　姜　梅
　　责任编辑　马雪伶
　　责任印制　胡　南

◆ 人民邮电出版社出版发行　　北京市丰台区成寿寺路 11 号
　邮编　100164　　电子邮件　315@ptpress.com.cn
　网址　https://www.ptpress.com.cn
　大厂回族自治县聚鑫印刷有限责任公司印刷

◆ 开本：880×1230　1/32
　印张：4.625　　　　　　　　2024 年 6 月第 1 版
　字数：102 千字　　　　　2025 年 3 月河北第12次印刷

定价：49.80 元

读者服务热线：(010)81055410　印装质量热线：(010)81055316
反盗版热线：(010)81055315

目录

第4章

打消顾虑：提升话语说服力，让用户爽快下单

第7章 紧急应对：学会危机处理，无惧直播意外

第 1 章

直播开场：

说好开场白，
让直播间人气快速上升

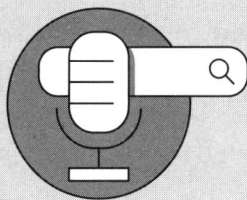

*01_* 直播要诀：掌握直播要诀，事半功倍

要诀1 口语化

直播间是一个与用户近距离交流的平台，因此主播需要使用口语化的、直白的、易懂的话术，进一步缩短与用户的距离。

口语化的称呼：宝子们 / 家人们 / 伙计们……

口语化的形容：好得很 / 特喜欢 / 有一点小贵……

口语化的语气词：好嘞 / 嚯 / 哈……

要诀2 语速适当

直播时，主播一方面要带动直播间的气氛，快速进行话术输出，避免冷场；另一方面需要保证吐字清晰、信息明确，让用户能够顺利接收直播间的内容。这就需要主播将自己的语速控制在合理的范围内，同时根据情况进行调整。

要诀3 专业、有逻辑

主播需要为用户提供准确、清晰、专业的信息；同时表达需要有逻辑，保证用户能在直播间获得有价值的信息。

逻辑关联词：首先……其次……最后……/ 因为……所以……/ 我们可以先看……再看……/ 我推荐……是因为……

要诀4 话术灵活多变

本书虽然提供了丰富的话术，但主播需要根据实际情况灵活选择，并适当变化，使之与场景融合。不要生搬硬套，不要机械背稿。

更多技巧

（1）为直播间选择合适的布景，包括背景画面、前景物件。让直播间整体风格统一，观感舒适。好的布景可以吸引更多的用户。

（2）提前准备背景音乐，话术搭配合适的音乐，更有感染力。

（3）主播表情要丰富，肢体动作要有趣。恰当的表情与肢体动作能渲染气氛、传递感情，让直播间更具吸引力。

02_ 合法合规：这些事，直播时绝对不能做

第一类　具有诱导性的互动

⊗ 违禁话术

· 　要回复"666"报名参加，才能领取福利，不回复不能参加哦！

· 　拍了的打3遍"拍了"，才能优先发货哦！

· 　扣①5遍"尺码"，才能给大家加库存②！

（原因解析）

在直播间要合理控制互动的频率。频繁互动，用强制性的、虚假的内容诱导互动，会影响用户的观看和交易体验，扰乱平台交易秩序，直播间会遭到封禁。

---

① 扣，直播用语，表示发送信息。
② 加库存，增加产品的库存数量，以满足更多用户的购买需求。

第二类　诱骗互动

⊗ 违禁话术

- 直播间 1 元低价秒杀！

- 直播间免费送口红！

- 直播间零元购！

- 拍了的送运费险！来回不要你花一分钱！

(原因解析)

直播间不可出现诱骗互动。诱骗互动是指通过"低价秒杀""免费送"等信息诱使用户参与互动，实际却未能兑现或无法兑现福利的推广行为。

第三类　虚假或夸大宣传

⊗ 违禁话术

- 大家看一下这个包包的牛皮包边，是**绝对**不会变形的。

- 这是**全国最好的**全麦面包！

(原因解析)

主播使用了"绝对""全国最好的"等绝对化的词语，属于虚假或夸大宣传。

其他违禁话术

使用极限词或夸大对比结果的说法，如：史无前例、前无古人、永久、无敌、首选等。

滥用表示权威和资质的表述，如：国家级、全球级、宇宙级、世界级、顶级工艺等。

虚假承诺，如：一次通关、保证能过等。

与品牌相关的说法，如：领袖品牌、世界领先品牌缔造者、至尊品牌等。

涉及迷信的说法，如：旺夫旺子、带来好运等。

第四类　引导私下交易

⊗ 违禁话术

- 还有想要这款连衣裙的姐妹可以加我的**微信**……
- 点击**评论区的链接**可以看到更多爆款好货！

原因解析

在抖音等平台利用话术引导粉丝加微信、QQ，或者点击第三方平台的链接进行私下交易，都属于直播间违规行为。主播必须注意平台对私下引导交易的规定。

第五类　为博眼球而炒作

⊗ 违禁话术

- 最近很火的那个新闻事件大家看了没有？我就是当事人（事实并非如此）……
- 刚刚拿到诺贝尔奖的 ×××也喜欢喝我们家的茶叶！

（原因解析）

禁止利用热点事件、伪科学以及不正确的价值观进行炒作。品牌方、运营、主播在直播间演戏、假装吵架也属于炒作。

第六类　不正当竞争

⊗ 违禁话术

- ×××家经常粗制滥造，和我们根本比不了。

- 不是吧，还有姐妹在买××家的东西吗？买了的赶紧退货吧，别浪费钱，他家的东西真的不行！

（原因解析）

诋毁同行，指名道姓地贬低别人的品牌来抬高自家产品的行为是被禁止的。

第七类　循环播片或挂机

⊗ 违禁话术

- 主播今天状态不好，宝宝们看这个录好的视频，跟看主播讲是一样的……

- 主播先离开一下……

（原因解析）

循环播放视频（或录音），或是主播长时间离开直播间，这种是无实质意义的直播，直播间很容易被封禁。

第八类　侵权行为

直播中，不得有侵犯他人知识产权（如专利权、商标权、著作权）、肖像权等的行为。

第九类　作弊行为

为通过直播审核，向平台提交虚假的直播产品信息，或者使用"水军"刷人气等，属于作弊行为。作弊行为一旦被平台检测到，主播便会遭到处罚。

第十类　低俗行为

在直播时，打擦边球、低俗恶搞等行为都是明令禁止的。

03_ 开场欢迎：用固定话术开场，提升记忆度

普通说法

大家好，我是×××，今晚的直播马上开始！

进阶说法

● 直播间的同学们晚上好！××搞不定，就找××哥／姐。今晚分享的内容我给很多500强企业都讲过，听到就是赚到。大家准备好迎接今晚两小时的干货分享了吗？

● 今天是周五，你没出去玩，反而来看我分享干货。今晚到我直播间的同学，都是爱学习、想成长的，我们先在评论区回复"666"，给自己点个赞，好不好？

● 废话不多说，抽奖来一拨儿。1屏抽5个人，每人可得188元现金。口令是："今晚零食节！"

(技巧点拨)

主播可以设计自己在开场时说的固定话术。比如在每次开播时，都说一句"×× 搞不定，就找 ×× 哥/姐"；或每次开播时就抽奖，说"废话不多说，抽奖来一拨儿"等。主播可通过固定的开场话术或动作，让用户熟悉主播，加深对主播的记忆。

04_ 拉近距离：用3个方法，快速与用户拉近距离

方法1 解读账号昵称

普通说法

欢迎 ××× 来到我的直播间！

进阶说法

● 哎呀，欢迎我们的 ×××（名字）同学进入直播间。咦，这名字有意思/很好听/太逗了，有什么故事吗？给大家分享一下呀！（夸赞型）

● 欢迎 ××× 来捧场，看名字你应该是喜欢旅游的人/玩 ×× 游戏的人，是吗？（同好型）

● 欢迎 ××× 进入直播间，你的名字和我一个"真爱粉"的名字一模一样，太有缘了！你是第一次来我直播间吗？（缘分型）

● 欢迎×××，我上次直播时你也来了，对不对？我记得你。每次上播都能看到你的身影，真的特别感动。（感谢型）

(技巧点拨)

单纯念名字已经很难留住用户了！主播需要在直播时通过快速解读账号昵称，让用户感到自己被重视。

方法2 寻找共同话题

普通说法

大家看到我，可以在直播间和我互动一下哦！

进阶说法

● 欢迎新到直播间的朋友，今晚这么多朋友在这里相遇，真是太有缘了！大家都是哪里人啊？可以把家乡的名字打在评论区，看看有没有老乡呀！（讨论家乡）

● 欢迎×××，看你的名字，你是×××人？咱们可能是老乡哦！（拉近老乡之间的距离）

● 欢迎×××，我最近喜欢上了骑摩托车/喜欢上了一首歌/喜欢上了做饭，你们喜欢什么？（讨论兴趣爱好）

● 欢迎新到直播间的朋友，最近有个热播剧叫《×××》，你们看了没？看了的回复"1"。我今天要分享的主题，和这部剧还有点关联哦！（讨论近期热点）

(技巧点拨)

直播开场时从家乡、兴趣爱好、时下热点等多个角度和用户互动，可以让主播快速找到自己和用户之间的共同话题，同时也能缓解主播紧张的情绪。

方法3 使用趣味顺口溜

推荐说法

- 抽烟伤肺，喝酒伤胃，桑拿太贵，不如来看主播，经济又实惠！
- 礼物"走一走"，活到九十九。小礼物不费钱，一块两块都是缘。
- 万水千山总是情，点点关注行不行？过了初一又十五，主播天天真辛苦！
- 直播间里人气旺，全靠大家来捧场。有钱的捧个钱场，没钱的捧个人场，有闲的捧个留场，喜欢的捧个情场！最重要的是我刚刚开场，你不关注怎么会有下一场！
- 各位用户，各位"老铁"，你上点关注下点赞，我祝你越来越好看！

技巧点拨

在开场环节，使用妙趣横生的顺口溜能吸引直播间用户的注意力，活跃气氛；同时也要注意不要过度使用顺口溜，以免给人油滑之感。

05_ 巧妙宣传：从3个角度，让用户快速了解直播间

角度1　宣传直播时间

普通说法　我们每天晚上8点都会直播哦，欢迎大家关注！

进阶说法　非常感谢所有停留在我直播间的宝子们，我每天的直播时间是×点到×点，坚持给大家分享服装搭配技巧，如果直播时间改了会视频通知大家的。没点关注的宝子记得点关注，点了关注的宝子记得每天准时来看哦。

话术公式	告知直播时间 + 展示直播间价值 + 引导关注

技巧点拨

宣传直播时间的同时，要说清直播间能带给用户什么价值，以激发用户定时看直播的欲望。

角度2　宣传店铺 + 主播

普通说法　我家店铺是10年老店，欢迎大家关注店铺、关注主播！

进阶说法　姐妹们，我家店铺是有10多年生产经验的老店，开了不止一天两天了。产品不光价格合适，质量也有保证，有问题随时退换！很多姐妹都说，买过一次我家的衣服就成了我家的忠实粉丝！老粉请回复一个"老粉"。我这个主播呢，特别喜欢研究怎么让自己变美，关注我，我会定期分享变美的技巧。让我们一起变美吧！

话术公式	说明店铺优势 + 展示用户口碑 + 强调主播价值

技巧点拨

主播要有意识地从多个角度宣传、展示店铺和自己的价值或优势，营造良好的直播氛围，让用户更愿意停留在直播间。

角度3 宣传直播内容

普通说法 大家耐心等待一下，我今天会给大家分享几个特别实用的小技巧！

进阶说法1 欢迎进入 ×× 哥 / 姐的直播间，如果你是行政、财务、人事以及其他需要使用电脑工作的白领，一定要留下来。今晚我不但会教你如何提升工作效率、提高职场核心竞争力，还会教你如何实现副业变现。今晚我会播两个小时，不要错过哦！

话术公式	锁定用户 + 用户能得到什么收获 + 告知直播时长

技巧点拨

先锁定目标用户，再直击其痛点，有针对性地提供解决问题的产品，使用户心动留下。

进阶说法2 今天来直播间的宝宝真是来对了，因为今天是我们直播间新年宠粉福利专场！全场 8 折，一年只有这一次！我们直播间观看人数破 50 人就给大家送一拨儿福利，同时今晚直播我们每到整点就会送福利！大家点个关注，不要错过今晚的直播哦！

话术公式	拉高用户预期 + 预告整场福利 + 引导用户互动

（技巧点拨）

通过预告福利预热时，一定要说出送福利的具体理由，比如开播三周年、生日专场、新年宠粉专场等，形成更好的产品消费氛围。

06_ 新人开播：新人直播，真诚很重要

普通说法　大家好，咱们家新号开播，进来的姐姐们能不能点关注支持一下我？

进阶说法 1　欢迎大家来到直播间，主播刚刚开播，我也在迎接平台的第一拨儿流量。请路过的家人们稍作停留，今天我们一起来看看直播间观看人数能不能突破两位数！

其实不瞒大家说，今天是我直播的第一天。虽然直播间冷冷清清的，但我感到特别幸运，能够在咱们日活跃用户达 7.8 亿的 ×× 平台直播。开播时我才真正认识到自己的不足，原来我以前走了太多弯路，踩了太多坑。但我坚信通过不断努力，将来我的直播间也能成为千人直播间！

感谢大家的停留，我也想请大家点个关注，方便的话我们

交个朋友，希望在今后的日子里我们能够相互学习、相互鼓励。

(技巧点拨)

新人开播很容易冷场，这时就需要主播不断进行话术输出。说开场白时，主播要表现出自己的真诚，给用户留下自信、亲和力强的印象。

进阶说法 2　新进直播间的家人们，你们的运气真是太好了。今天是我从线下实体转向线上的第一天，想快速涨一拨儿粉丝。大家都知道，在 ×× 平台赚钱要先提升人气，所以前期我想赚的是你们的关注和支持。今天我把我的诚意拿出来，直接把福利给你们。大家可以在左上角点一点关注，给主播一些支持和鼓励，主播一定不让家人们失望！

话术公式	设置悬念 + 介绍自己 + 解释送福利的原因 + 引导关注

(技巧点拨)

将"你们的运气真是太好了""恭喜你们来得正是时候"等话术作为开场白，等于设置了一个小悬念，能够激发用户的好奇心。接着再快速介绍自己，说出直播间的福利。

要巧妙利用自己新人主播的身份，为送福利找一个合理的理由，比如"从线下实体转向线上的第一天""开播第一天""新人主播涨人气"等。这样更能获得用户信任，也更容易获得关注。

更多新人主播适用话术

● 欢迎进直播间的家人们，今天是我人生中的第一场直播，感谢家人们能来见证我的首播！

"首播"两个字自带流量，能勾起用户的好奇心。新人主播开场时，10句话里至少要有8句话用来告诉别人这是你的首播。

● 感谢×××来到我的直播间！×××，你也是主播吗？你开播了没有？几点开播？我去你的直播间向你学习。

进行利他互动，说与进入直播间的用户有关的话题，一对一留人。

● 家人们快来见证！我一直觉得我的首播观看人数是个位数，是个"翻车"现场，没想到我一打开直播间就上人^①了！家人们，你们觉得我直播间的观看人数能突破20人吗？觉得能的打一个"能"！

只要直播间上人，就可以用"见证法"增强互动性与感染力，以此留人。

07_ 成熟主播：如何让开场更"丝滑"

推荐说法

● 大家好，我们家工厂以前是做线下的，现在正式转到线上！我们要做就做质量好的，就要做高品质的。在线下我们没

---

① 上人，直播用语，表示直播间的用户数量增加了。

有辜负别人的信任，在线上我们也不会辜负你们的信任。（介绍主播背景）

- 有很多姐妹从线下跟着我到线上，从我的学生时代，到我结婚，再到我生孩子，一直都跟着我。我一直是以高品质、优服务去做产品的，希望每一个来我直播间的人，既认可我的产品，也认可我的人品，未来能和我成为非常要好的朋友。（塑造温情人设）

- 如果你觉得我的直播间值得你停留，你就在这儿多看一会儿。如果你觉得我的直播间值得你关注，你就在左上角点一点关注，帮我把粉丝灯牌点亮。再次感谢你们！今天给大家上架的全都是早春新款。我在 3000 多款里面精挑细选了 16 款，今天拿出来给姐妹们，每一款都非常好看！（引导关注，展示产品）

（技巧点拨）

直播开场时，要学会打造自己的人设，"我是新来的主播"不是人设，无法让用户产生信任。在开场时，要告知用户你是干什么的，你的实力如何，为什么要看你的直播。

更多打造人设的话术

- 姐妹们，我们家是做了 30 年的 ××× 源头工厂。我爸爸就是做这行的，以前我们家只做线下工厂，现在我开始做线上店铺了。（强调企业历史悠久）

- 宝子们，我是从 ××× 回来专门做服装搭配的，做了

××年。不管你是什么身材，来我的直播间，我都能给你设计出一套适合你的服装搭配方案！（强调专业背景）

- 咱家是源头工厂！你们收到的货都是和专柜一样的品质！来，看我今天给你们准备了什么！（镜头对准场地，像带用户逛街一样展示所有商品）（强调品质保证）

- 其实现在这个季节几乎没有人会去给你备货，因为我们家是源头工厂，所以我们家现在能给你备货，你拍下我们家的货之后不用等。并且我们家服务非常好，发货直接用顺丰，还会送你终身维护服务哦！（强调服务好）

- 我和我父亲都是××××（地名）人，做了20年的拖把，从一个小作坊做到一个小工厂。今天我之所以给家人们安排了一拨儿福利，说白了就是为了涨粉，想靠粉丝宣传我的品牌。这样吧，直播间里5700位家人，凡是第一次来到我直播间的，或者是点了关注的，一人送一块地垫！（介绍主播＋引出福利＋说明如何得到福利）

- 新进来的哥哥们、姐姐们看这里！这款拖布，毛非常厚、非常密……装在咱们这个拖把头上使用，150平方米的房子的地面，15分钟拖得干干净净！来，新来的家人们和刚点关注的新粉们，让我在公屏上看到你们。咱们直播间不搞套路只讲真情，说送就送！（直接抛福利＋价值塑造＋穿插互动）

08_ 提升好感：用一句话让用户更喜欢你

普通说法　大家好，我是主播×××。

进阶说法 1　大宝天天见，大家好，我是主播大宝！直播间有个小传统，我给大家说一下：8 点后第一个下单的粉丝，可以点一首歌，我唱给大家听哦。

技巧点拨

给自己起一个亲切或有特色的昵称，方便用户记住你；如果能再展示一下才艺，比如唱歌、演奏乐器、说绕口令等，会让用户对你的印象更深刻。

进阶说法 2　大家好，我是×××，大家看我黑眼圈是不是有点儿重？我这都是为了给大家做好直播、通宵备课熬夜熬出来的！大家能不能给我扣个"666"，鼓励一下啊？

技巧点拨

有时适当地调侃一下自己，不但不会引起用户反感，反而能让直播间氛围更活跃。

进阶说法 3　大家好啊，我是×××，给大家看看我最近带的学员是怎么夸我的！大家想不想和我的学员一样成为直播高手呀？想的回复一个"想"，我给大家送福利！

（技巧点拨）

主播开场时展示一下业绩，体现自己的权威性，能使用户更加信任主播，同时增加直播间用户的停留时长。

09_ 假后复播：长期未播，复播时怎么说

推荐说法

● 姐妹们，开播了，新春快乐！我休息了几天，后台的私信超级多，都在问我什么时候开播。钱包都捂不住了，是吧？既然姐妹们这么支持我，复播礼物必须得给大家安排上！话不多说，在送礼物之前，红包、福袋先给大家来一拨儿。姐妹们领了红包，先让咱家的粉丝灯牌亮起来！

● ××姐妹是真爱啊，我红包都没发，她的灯牌就已经亮起来了。来，运营联系一下××姐妹，既然她这么支持我，就请她在我们准备好的开播礼物中挑选一样！×××姐妹也把灯牌点亮了！来，把礼物给她也安排上！

● 姐妹们别着急啊，从今天到×月×日，开播持续三连炸①，你可以叫上闺蜜一起来。现在我花30秒的时间把准备好的新款给大家过一遍，过完后咱们就直接开始三连炸！点了关注的粉丝，直接享受半价优惠！

---

① 三连炸，直播用语，表示连续进行三次特别优惠的促销活动。

| 话术公式 | 复播问候 + 抛福利 + 引导点亮灯牌 + 预告直播活动 |

技巧点拨

主播停播一段时间后再次开播，平台往往优先将直播信息推荐给主播的老粉丝。如果主播的直播方式和往常一样——注重吸引新用户，就容易错失平台给的第一拨儿流量，影响平台后续的推流。主播按照以上话术公式进行复播，粉丝灯牌能亮回来，粉丝停留的时长也能控制住。

10_ 涨粉话术：快速涨粉的 5 个方法

普通说法

直播间的家人们，喜欢主播的可以在左上角点一下关注哦！

方法1 为用户着想法

进阶说法

● 宝宝们，你们先不要下单，不要因为着急而买贵了，你们点点左上角的关注，领一张 10 元优惠券再下单，这样更划算哦。

● 我不建议大家按现价拍，因为客服最近比较忙，可能会很慢才能退差价给你。如果你是按现价拍的，建议你直接退掉，然后在左上角点一下关注成为咱家粉丝，再按折扣价拍。

● 宝宝们，你们可以去买一个这样的××，随便什么样的都可以，不是×××品牌的也可以，然后搭配一下！不会搭配的在左上角点关注，我在直播间每天都会讲。

(技巧点拨)

主播在直播时要多站在用户的角度思考问题，使用"不建议你们""就算不在我们家买""先不急着买"等话术，帮用户省时、省力、省钱，同时引导用户关注直播间，效果会更好。真诚是主播最好的"武器"之一。

方法2 专属福利法

进阶说法

● 来了很多新粉啊！新粉在评论区给我回复个"新粉"，好不好？我给新粉再送一拨儿福利！新粉宝宝可以在左上角点关注，我准备加库存了！

● 点了关注和加了粉丝团的家人们，跟你们再说一下，咱家产品是全国包邮的！（最后10秒钟的时间）7天无理由换货、赠送运费险，没有点关注的点一下关注啊，免得大家想找我们的时候找不到！

● 有粉丝牌的宝宝关注一下直播间，我给你们工厂价格。原价×××元，今天直接工厂价格88元给你们！

● 宝宝们抓紧时间。粉丝是可以领取左上方的优惠券的，领了优惠券再买更便宜！没有点关注的宝宝可以点一下关注。

● 感谢××的关注，感谢×××在左上角帮我点的关注！在我的直播间下单，没有中间商赚差价，全部商品都是从工厂直发。直播间每周上新，想买衣服了，大家就回来看看。你们看，（展示粉丝群截图）咱们粉丝群里好多姐妹都在发实拍图、发好评。想要一起变美的姐妹，在左上角点一下关注，就能进入粉丝群拿优惠哦！

（技巧点拨）

要向用户说明成为你的粉丝有什么好处。直播时可以不断强调只有粉丝才可以享受额外的福利，以此提升用户关注率。

方法3 亲昵称呼法

进阶说法

- 欢迎×××进直播间！有什么疑问都可以直接问主播哦！

- ××宝宝，1米6、50公斤，你适合穿M码！

- ××宝宝问这件衣服怎么搭，是吧？我教你，这件衣服可以搭配这条裙子，也可以搭配小西裤。

- ××宝宝，这件不会起球，面料是很好的，没有毛……

- 开播了，姐妹们快进来！我看到××又来了呀！××是昨天在直播间和我互动很多的一个姐妹，今天又准时来看我了。嗯？××说："今天我是带着钱来的。"姐妹今天我不让你花钱！来，运营，我头上这顶礼帽直接送给××了，咱们直播间主打的就是宠粉！

- ××宝宝一来就拍了1号链接的10双袜子，说是支持主播！真是我的亲人啊，你太好了！来，运营，直接把××宝宝加入我的关注列表!

技巧点拨

看到用户的问题，念出用户的名字，并迅速帮用户解决问题……这些是重视用户的体现。使用这种话术时，记得提前记住几位活跃用户的名字。

方法4 真诚互动法

进阶说法

开播了姐妹们！这个店其实开了没多久，账号也是新的，我还不是很懂怎么直播。我呢，从 18 岁就开始卖大码女装，卖了快 10 年了，在 ××（地名）这边也有一家自己的小厂。这样吧，我手上拿的这件新款连衣裙，一共有 3 种颜色，一会儿我直接以个位数的价格给大家上了！但是我不知道你们喜欢哪种颜色，所以你们可以把想要的颜色打在公屏上。来，为了新进来的朋友，我再说一遍……

话术公式	真诚介绍 + 送福利 + 引导互动

技巧点拨

"还不是很懂怎么直播""我干这行 ×× 年了"等话术能体现主播的谦虚、真诚和友善，再加上赠送福利，直播间用户往往更信任并喜爱主播。

方法 5 产品特色法

进阶说法 1

我看评论区里××宝宝说，咱们家的衣服不但舒适而且保暖，穿着出门感觉连回头率都变高了！我们家 10 年的服装工厂可不是吹的，在面料和设计上都想给你好的体验。谢谢你的反馈啊，也谢谢喜欢我们家产品的宝宝在左上角给我点的关注。关注我，我们家产品将带给你舒适的穿衣体验！

话术公式	复述用户的夸奖 + 自夸产品 + 引导关注

进阶说法 2

直播间的同学们，有没有因为做表格而经常在公司加班的？有的话，回复一个"有"！点左上角的关注，××哥/姐每周带你搞定表格难题！下次你做表格，就不会再焦头烂额，到处找方法了！

话术公式	指出痛点 + 引导互动 + 引导关注

11_ 加团话术：让粉丝点亮灯牌，成为铁粉

普通说法

点亮粉灯牌，才能收到开播提醒哦！

进阶说法

- 加入粉丝团的姐妹，自动参与今天的 VIP 活动！只要点

亮粉丝灯牌，后台默认报名成功！（粉丝权益）

- 有想尽快收到快递的需求，但是下单时忘记备注"加急"的家人，可以点亮粉丝灯牌，运营小哥哥会为你的订单做好备注。（售后保障）

- 觉得我们家产品难抢的姐妹，记得点亮灯牌，申请加入粉丝团，这样新款上架后可直接参与内购、领取上新优惠券。（直播间持续提供的价值）

- ××姐妹已经在左上角点亮了粉丝灯牌，×××姐妹也成功加入粉丝团了。我的天啊，又有3个姐妹成了我们粉丝团的成员！（从众心理）

技巧点拨

粉丝只有点亮粉丝灯牌，成为粉丝团的成员才能收到主播的开播提醒。提前做好直播间定位和主播定位，有助于粉丝加团转化。

注意事项

加团后粉丝两天不来直播间，粉丝灯牌会熄灭；"加急发货"的说法有违规的风险，主播可以把话术中的"加急发货"调整为"想尽快收到快递"。

第 2 章

互动交流：

掌握聊天技巧，让用户舍不得走

01_ 福利预热：巧用福利，让用户来了就不想走

普通说法　欢迎新进直播间的宝宝们，我们是做××的源头厂家。今天是主播第一天开播，马上给宝宝们送福利！

方法1　福利赠送法

进阶说法　欢迎新来的宝宝，我们是专注××的一家源头厂家，今天我们给大家送一拨儿开播福利！主播身上这件价值××元的羊毛衫漂亮吧？穿着特别舒服……今天只为涨人气，点了关注的姐妹，可以用发个快递的钱把它带回家！来，想要的宝宝们，在公屏上打"想要"！

话术公式	我是做什么的 + 福利介绍 + 为什么发福利 + 如何领取

（技巧点拨）

新号开播时没有多少粉丝，无效的互动会让用户缺乏停留的兴趣。此时需要强调福利与直播间的价值，同时给用户领取福利的明确指令，抓住用户的心。

方法2　福利"拉扯"法

进阶说法　直播间的姐妹们看我身上这款马海毛的毛衣。它的表面……今天在我的直播间，我就问你们，这种质量的毛衣在线下实体店卖300多元，你们要不要？接受这个价格的姐妹们留在我的直播间，看我今天给你们多大一个惊喜！这样一

款马海毛的毛衣，姐妹们想要主播降价的，把"666"给我扣起来，好不好？主播给你们降到99元，这次福利就给你们了！还有觉得不够优惠的姐妹吗？今天你就"蹲"在我的直播间，看看主播能将价格降到什么程度！

话术公式	介绍产品＋降价＋引导互动

技巧点拨

用福利品吸引用户时，可以先适当与用户进行"拉扯"，设置"能将价格降到什么程度"的悬念，吸引直播间用户持续停留；再呼吁用户互动，增强用户的黏性。

方法3 福利品上架法

进阶说法　来，刚进入直播间的姐妹们，看1号链接的这个毛绒小熊，这个质感起码值100多块。（强调价值）

但是，如果你第一次刷到我，你扣一个"新粉"，再点个关注，咱们1块钱直接拍。就30秒的时间，我让后台去统计新粉数量，因为我今天只准备了20件，真的怕不够。来，30秒计时开始。（提示福利品要上架）

这30秒的时间呢，我给你们看一下这个小熊的细节……老粉早就不陌生了，它一上架就被卖到脱销，工厂加班加点生产。（再一次强调价值）

30秒结束！天啊，宝宝们，你们抢得太快了。现在人越来越多了，肯定会有很多人抢不到。没抢到的也别急，咱们后续会有更多福利！

话术公式	强调福利品价值 + 上架福利品 + 强调数量有限

（技巧点拨）

开播后 1~2 分钟的宝贵时间里，可以快速上架一批福利品，以超低福利价营造直播间的福利氛围。同时让没抢到福利品的用户"心痒难耐"，期待接下来的更多福利。

方法4 福利迎新法

进阶说法 哇，直播间新进来好多小伙伴！很多姐妹第一次来我的直播间吧？先给大家上个福利，姐妹们想不想要？我们家卖了 15 年西装外套，卖的都是真材实料的好货。想要的姐妹扣"想要"，我看一下有多少人想要。

这款是我们一直都在补货的早秋爆款，实体店里平常卖 400 多元，今天以两位数的价格卖给大家！小助理看一下有多少人扣"想要"了。（助理回复后）有 18 个人想要，是不是？

这样吧，我上 20 件，让姐妹们都能抢到。但是这么低的价格，我只能上 20 件，多的肯定是没有了。来，姐妹们，拼手速拼网速了，1 号链接"秒开秒付"！

话术公式	迎新 + 抛福利 + 强调优惠力度 + 营造稀缺感

（技巧点拨）

直播间进入大量流量时，如何快速留住人？同样可以利用福利品吸引用户，要注意强调福利品的价值以及数量。

卖完福利品后，可以接着介绍价差不大的产品，进一步留住进入直播间的用户。

02_ 塑造期待：用好 4 套话术，让用户听了就留下

话术 1 等会儿有好货

- ×× 宝宝，你想要的款，我待会儿给你上！
- 要 ××× 款的宝宝不要走开，我们马上给你们上！
- 宝妈们一直期待的分阶段宝宝辅食终于上架了！大家不要着急，等下就给你们展示！

（技巧点拨）

好产品值得期待，通过产品的吸引力增加用户停留的时长。

话术 2 稍等有福利

- 给大家看看，这些都是我们近期的爆款裙子，所有裙子都至少有 5 折优惠，有的会低至 2 折！大家不用着急，但是一定不要离开我们直播间，我们今天就直播两个小时，有可能你一出去就错过了你想要的那一款！

- 宝妈们，奶粉和辅食都是爆款。因为库存数量不多了，今天上链接的速度会很快，一分钟走一款。想要的宝妈一定要留下来，别眨眼啊！

技巧点拨

通过加大福利力度增加用户停留的时长。

话术3 **别走有表演**

- 宝宝们是不是有点儿走神儿了？想不想看点儿特别的？大家等一会儿，介绍完这款主播给大家跳个舞。

- 我们来玩个拼手气游戏，看看今天这个 ×× 元的红包到底谁拿走！准备，三、二、一，开抢！恭喜 ×× 抢到大红包！

技巧点拨

通过才艺表演、玩游戏等娱乐性活动，让用户长时间在直播间停留。

话术4 **老粉多留会儿**

- ××，你来啦，好久不见啊！今天我们讲个人品牌打造的 7 个流程，我记得你上次问到相关问题了，今天留下来听听，刚好能解决你的问题。

- 我看到很多老粉都在直播间，×××、×××、××× 你们都来啦！接下来进入答疑环节，我优先回答粉丝团成员的问题，还没加入粉丝团的同学，点击左上角，花 1 分钱就能加入，这样我就能更快看到你的问题了！

把粉丝团成员当朋友，在粉丝团成员进入直播间时主动向他们打招呼，优先回答粉丝团成员的提问。老粉感受到被重视，自然会停留更长时间。

03_ 反向留人：不用"卖惨"，让用户自愿留下

普通说法　大家帮我点点赞，点亮灯牌留下来呀！

方法1 不催关注

进阶说法　新进来的姐妹不用点关注，不用点亮灯牌，来的都是客！来了我这儿就能领福利，你就看我的福利给不给力！

不过你要在公屏上打个"在"，让我知道你在。要不然我的礼物不好发给你，对不对？你打个"在"，我们后台统计一下，把福利优先给到你。

我们是新号开播，刚刚开播只有几个人在线，人不多的时候我才敢给大福利。因为我知道如果我的福利不够大，是不可能留住你们的。

姐妹们，你们以后可以不用"蹲"在我的直播间里，但是新号开播的这一场，你们必须"蹲"，因为新号开播的福利不是每天都有的。即使你不认识我，但你能在我的直播间拿到福利！

话术公式	反向话术 + 引导互动 + 介绍福利 + 说明留在直播间的好处

(技巧点拨)

新号刚开播时，直播间人气低，一味要求用户点关注、点亮灯牌效果不大。此时使用反向话术留人，化新号的劣势为优势，更能吸引用户停留。

方法2 拒绝套路

进阶说法　来，所有家人听清楚了啊，你们在别人的直播间里是不是想买一件衣服都得憋个老半天？让你扣"要"，让你扣"喜欢"，对不对？虽然我也是个带货的，但是我特别不喜欢这种套路，这太不把粉丝当回事了。这样吧，既然这件衣服咱们都喜欢，那今天我不用任何套路，我也不管你们要不要，等一会儿我就用"地板砖"的价格给你们上架，想要的直接去拍就行了，好不好？做生意哪有那么复杂，我有东西，你觉得东西好、价格合适，咱们就成交，就这么简单！

话术公式	剖析套路 + 以利他思维互动 + 真诚交易

(技巧点拨)

当直播间套路用得太多时，可以利用"拒绝套路"话术，直截了当上架，戳中直播间用户厌倦套路的痛点。询问用户"是不是厌倦了套路""咱们来点实在的好不好"，以利他思维互动，容易被用户接受。

更多拒绝套路的话术

- 直播间的姐妹听好了，今天我身上穿的这件 T 恤衫有没有姐妹喜欢？喜欢的姐妹告诉我一下，今天我准备实打实地和你们真心换真心。我不会告诉你们这件 T 恤衫专柜卖 1999 元，直播间平时卖 599 元。在我的直播间，我就要真诚地告诉你们，这件 T 恤衫的价格就是档口批发价，10 件起批，单件 180 元。

今天在我直播间的姐妹，我也不会告诉你们等到 5 分钟后再开价儿、等到 3 分钟后再开价儿。但凡在直播间有一位姐妹扣了"1"，让我看到了，我会立刻给你开价儿，不会让你等。10 件起批、单件 180 元的这件衣服，70 元一件大家能不能接受？能接受的姐妹给我扣个"能"！

- 我知道直播间的朋友都是聪明人，我说自己是亏钱交朋友，你们肯定不会相信，毕竟谁都不想做赔钱的买卖。

- 直播间的家人们，我其实有方法让直播间人数多起来，我拿钱去投流或者去投广告就行。但我不愿意这样，我把这个钱投到我的货上，我宁可自己少拿一点儿，也要让你们得到实惠，这样你们才会更信任我，对吧？

方法3 适度延时

进阶说法 刚进直播间的姐妹，不要看了价格就催我上链接，今天活动力度确实大，但我不希望大家冲动消费。我是主播，我有义务向所有的姐妹把产品介绍清楚。认可我的态度你就听我介绍完，不认可你可以离开。距离我们的活动开始还有最后的 51 秒，认可主播、想参加活动的姐妹，按照我的节奏来。我最后向大家介绍一遍产品，就准备上链接啦！

技巧点拨

适度延时的话术既能很好地打造主播的贴心人设，又能在用户不反感的情况下控制好节奏，营造购物的气氛。

04_ 憋单留人：引导用户等你开单，延长用户在直播间停留的时间

憋单指为了让用户停留在直播间以提升各项直播数据，而使用一款福利产品，引导用户等待产品上架售卖的行为。

普通说法　大家别着急，我马上上链接。

方法1 呼吁点赞，提高热度

进阶说法　家人们，距离我们的福利活动开始还有最后的 1 分 21 秒，直播间里现在有 31 位家人，我们现在有 1500 个赞。大家一起点点赞，点到 3000 个赞我们就不等了，直接上链接！我看到 ×× 在左上角点了关注，运营把他拉进我们今天的 VIP 区！

方法2　准备惊喜福利

进阶说法　我的天，姐妹们太给力了吧，17位姐妹给我点了关注！麻烦运营小哥现在去仓库拿3个我们品牌的充电宝，我要直接送给姐妹们。姐妹们，今天1号链接是开播福利，我们库存有限，不能让大家都拿到。充电宝给大家送3个，大家把左上角的关注点一点。

方法3　边发红包边催运营上链接

进阶说法　运营小哥，链接上得快一点儿好不好呀，有这么多姐妹在等着呢！这样，你先发红包给姐妹们抢，不能让姐妹们白等。姐妹们，大家先去抢红包，我最后再把产品给新来的姐妹讲一遍，我们就上链接！

方法4　催运营加库存

进阶说法　1号链接拍不了啦？运营小哥，赶快查一下，说了做活动就是做活动，怎么没有库存了？（运营回复原因）什么？是有一个姐妹一口气下了4单？姐妹，不对啊，说了一个手机号只能下一单。你不要给闺蜜、给妈妈买啊，你要让她们自己来抢，不然其他姐妹抢不到，又说我没有诚意。来，运营小哥，你把库存处理好，一个手机号只能下一单！

技巧点拨

主播可以用一款吸引人的、价值高的单品来做活动，可以把价格设置得很低，让用户切实感受到优惠力度大。同时主播要根据直播间的实际情况不断灵活输出话术，让用户知道马上就要上链接了，从而引导用户在直播间停留。

05_ 观点留人：用观点引发共鸣，留住用户

生活哲学类话术

● 分享快乐，加倍欢喜。快乐是可以复制的东西。与他人分享快乐，会让快乐成倍地回归到自己身上。用善良和关爱点亮世界，也温暖自己。

● 尽量去学习，尽量去努力，尽量去旅游，尽量去吃好吃的东西……人生不知不觉间就变得越来越美好。

● 苦难是我们成长路上的良师益友。正如铁经过熔炼才能变成坚固的钢一样，我们也需要经历困难与磨炼才能成为更好的自己。

● 当你可以豁达地看待一切时，苦难也变得平淡。

学习提升类话术

● 跟着明白人前进，是让你进步更快的方式。但是你一定要找对人，对不对？认同的回复"认同"！

● 很多时候，不是你不想做好，也不是你不努力，只是你不知道如何去做。

● 大家觉得跟着好的老师学习，花这么多钱，贵吗？机智的同学会想，这个老师快速帮我达到了我想要的效果，帮我减

少了试错成本、节省了大量时间，时间就是金钱啊！

- 最好的投资，就是投资自己！投资自己不会亏啊！

情感励志类话术

- 很多时候运气可能会来，也可能不会来，但是这不影响你要坚守的本心，不是吗？

- 知足常乐。物质欲望无止境，精神满足才是真正的幸福源泉。珍惜拥有的，学会知足，才能在平凡中获得持久的快乐。

- 人往往越长大越胆小，很多事情现在不做，以后就更不敢去做了。

- 生活不是一个点，而是一条长长的线，所以不必因为某件事而纠结。行动起来，这是摆脱焦虑的简单、有效的方法。

（技巧点拨）

多积累一些能传递自己价值观的句子，在直播中输出这些"金句"，有助于吸引与你观点一致的用户在直播间停留，甚至成为你的粉丝。

但要注意插入"金句"的时机，金句使用不当会变成"心灵毒鸡汤"。建议在锁定用户人群、分析用户痛点、升华产品价值时插入"金句"。

06_ 话题留人：抛出话题，引起用户的好奇心

推荐说法 1 有没有家人和我一样，知道直播能变现，但是准备了好长时间，一直都不敢打开直播间，就是因为害怕碰到朋友、碰到同学？和我有同样情况的家人们可以在公屏上说说，大家找找共鸣。你看到我在直播间里滔滔不绝、侃侃而谈，但是你知道吗，我之前和你一样，话都说不清楚。现在都是因为学了 ××× 的策略，有了更多积累……（在自己身上找话题）

推荐说法 2 姐妹们，平时你们运动吗？有没有挑选运动服的经验？我知道现在大家的生活节奏都很快，有时候忙起来根本就不记得锻炼身体。所以我想很多姐妹都会有身体上的小问题，有共鸣的姐妹可以说一说，大家聊一聊……（在产品上找话题）

推荐说法 3 最近的旅游热大家有没有关注？大家是不是都想去旅游？想的可以在公屏上打个"想"字！（在时事热点上找话题）

（技巧点拨）

抛话题，聊热点，用有趣的话题留住用户，有助于后续的带货。

07_ 痛点留人：直击用户痛点，留住目标人群

推荐说法 1

● 为什么腿粗、腰粗的姐妹能在我们家买到显高、显瘦的连衣裙？

● 为什么喜欢高配电脑的人会在我们家买配件？

话术公式	"为什么" + 用户痛点

技巧点拨

腿粗、腰粗的用户听到了这句话，如果其有穿连衣裙的需求，就很有可能停留下来听主播讲解产品。目标用户停留的时间越长，同类型的人群流量被推荐到你的直播间的可能性就越大。

推荐说法 2

做饭油烟大，皮肤越来越差！宝妈们，恭喜你们，赶上了我们 ×× 品牌炒锅的大促活动专场！

话术公式	用户痛点 + "恭喜你（们）" + 活动主题

技巧点拨

大多数人不愿意承认自己老了，他们或许会期待找到一个方法来解决自己皮肤状态变差的问题。只要抓住这个心态，用话术击中目标用户的痛点，让目标用户想要听主播说的解决方案，他们的停留时长就会增加。

08_ 一对一交流：拉近距离，与用户亲切互动

普通说法

欢迎小张进入直播间！

进阶说法 1

- 王哥来了，昨天的福利已经给您发货了，您看一下物流信息有没有更新。

- 张姐，一来就给我点关注了啊，感谢感谢，我也给你点个关注，好不好？你看一下，我们家今天的 1~10 号链接都是大福利，你想要我就给你送一个，好不好？

(技巧点拨)

主播在直播的起步阶段，可以多花心思记忆用户的基本信息，多关注用户的动作，在直播间及时地给用户反馈，让用户感受到自己被重视。

进阶说法 2

- 陈姐来了啊！（陈姐："今天的衣服和昨天的不一样？"）对，这是今天新上的衣服，和昨天的颜色不一样，你看看喜欢哪件？我现场给你试穿。

- 小刘来了，是不是？（小刘："今天有新东西吗？"）小刘，对的，我们今天有新东西。小刘，如果你有喜欢的就跟我说一下，都是老朋友了，我给你额外送点小福利，到时候给你多寄个吊坠啊！

直播间人少时，主播可以点对点地和用户互动，花时间解决每个用户的具体问题，满足他们的需求，而不是机械地跟他们打招呼。

进阶说法3

欢迎小花来到我们的直播间！来，后台再给我加个库存，凡是新进来的姐妹我都给她安排一件 9.9 元的国潮 T 恤衫。我今天新号开播，直播间没啥人，所以每一位进来的姐妹都是我的 VIP 客户。咱们的透气国潮 T 恤衫，大家买回家送家人、送朋友都可以。新进来的小花，还有××、×××，这个福利是新粉丝的专属福利，如果你们想要就赶紧拍！收到衣服有任何质量问题，随时来找我，好不好？

话术公式	一对一迎新 + 抛福利 + 强调福利价值 + 引导下单

技巧点拨

有好处用户才愿意互动。将专门的福利送给特定的用户，塑造专属感。

其他一对一交流技巧

（1）场外看热闹，场内点对点。用户刷到直播间却没有点进去的时候，是看不到直播间人数和互动情况的。主播在直播的时候，无论直播间里的人多还是人少，都不要冷场。主播语速可加快，表情可丰富，吸引用户进入直播间。

姐妹们这一轮没抢到没关系，今天我们准备了100单开播福利，不送完不下播！如果不是活动给力，也不会在开播第一天就有92位姐妹给我们点关注！来来来，大家抓紧时间互动起来！

（2）点名不单点。当直播间人少，点用户名字时，要注意尽量不要只点一个人的名字。有的用户突然被点到名字，在直播间人数极少的情况下容易觉得尴尬，甚至会产生一种自己马上就要被"套路"的感觉。要学会用一群人感染一个人，直播时多点几个用户的名字进行欢迎，不让用户感到尴尬。

欢迎××、××和×××进入我的直播间，恭喜你们赶上了我们的福利活动！

（3）点完名后，第一时间讲活动是什么，为什么做活动，活动带来的好处，让被点到的用户感受到实打实的福利。

09_ 利他互动：为用户着想，让用户有获得感

普通说法

欢迎大家来到我的直播间，今天是我第一天开播，新进来的家人们给主播点点关注，点亮灯牌，感谢大家的支持。

方法1 选择式互动

进阶说法

● 这套衣服是我搭配好的，上衣和裙子都是咱们家的新

款。想要上衣的宝子打"上衣"，想要裙子的宝子打"裙子"，想要整套带走的宝子，今天可以享受套装优惠。

● 刚开播，我准备了好多漂亮衣服。我想给你们一个大福利，你们是想要这件休闲T恤衫，还是想要这条碎花裙呢？我真的太纠结了！因为我觉得都挺好，可是我又不能同时给你们安排。家人们，你们赶紧选啊，到底是要T恤衫还是要碎花裙，我好去做链接。要T恤衫的扣"1"，要裙子的扣"2"，你们说了算！你们喜欢哪一个，我给你们安排哪一个！

话术公式	选择A + 选择B + 利他话术

技巧点拨

　　具体的二选一、三选一很容易吸引用户。主播要为用户提供选择的机会，同时也要提供留言的机会。

方法2　赠送式互动

进阶说法

　　我看到 ×× 好像扣了"想要"，还给我点亮了粉丝灯牌。来，运营，把咱们家的考研词汇表送他一份，我看看还有哪位朋友在扣"想要"，还亮了粉丝灯牌的，我都送！

话术公式	点名用户 + 赠送福利 + 引导互动

技巧点拨

　　向参与互动的用户赠送礼物，更容易激发用户互动。

方法3 补偿式互动

进阶说法

- 来来来,有没有姐妹没有抢到我们这期瑜伽训练课名额的?没有抢到的姐妹在公屏上打"666",今天我给你们追加一拨儿名额,好不好?

- 还没有领到咱们家"王炸"福利的宝宝,让我看到你们扣的"1"。我刚刚已经炸了好几百单了,谁家也不能一直亏钱送福利呀,对不对?本来我准备卖我们家别的产品了,但看到还有那么多新进来的宝宝没有领到福利,我再给大家送一拨儿!老粉就不要再抢了,咱们给新粉留点儿机会,好不好?

话术公式	寻找没抢到产品的用户 + 提供补偿

技巧点拨

为没有抢到产品的用户提供补偿,利用用户急切的心态引导互动。

方法4 亏本式互动

进阶说法

来来来,知道我今天的目的是亏本涨粉丝的姐妹,扣一个"1",让我看到你的名字。大家知道我今天亏本送福利,但只有满20单我才能上链接,要不然我就白亏了呀!运营记得把点了关注、参与了互动的姐妹直接拉进我们的VIP活动区!

技巧点拨

反复强调自己处在"亏本"的状态，加深用户的印象，方便快速上福利品链接。

方法5 真诚式互动

进阶说法

我是不是真的播得有点儿差，为什么我都亏钱卖了，直播间的姐妹们还是不怎么理我？看看，一个互动的都没有。看来我还需要努力，打磨自己的直播技术，争取以后让姐妹们收获满满！

但是我想姐妹们肯定是需要好东西的，不然不会留在我们直播间吧？是不是网络有延迟？××姐妹，还有××姐妹，你们如果在等活动，抓紧扣一个"1"来报名！我这个新主播确实互动做得不好，所以活动力度才这么大呀！

技巧点拨

当一段时间内直播效果不太好时，可以袒露真心，自我检讨。要用真情换用户的停留，吸引用户的注意力，甚至打动他们参与互动。

10_ 提升人气：掌握 3 个互动技巧，人气拉满

技巧 1 **挖掘用户痛点**

- 直播间有没有姐妹是经常旅行或出差的？当你需要带很多东西时，结果发现自己的包包不够装，或者稍微装一点儿东西就满了，背上也不好看？

- 咱们直播间有没有皮肤比较敏感的宝宝？

- 家人们有没有遇到这样的情况，领导突然要你做个PPT，PPT 明天就要交，而你无从下手？

- 有没有宝宝买到过一些掉毛很厉害的毛衣？有的扣"1"，没有的扣"2"。

- 直播间有没有腰围大的姐妹，有的给主播扣个"1"！

- 直播间有没有头皮容易出油的姐妹，有的给主播扣个"1"！

（技巧点拨）

背包空间不够大、皮肤敏感、腰围大……挖掘用户日常生活中的痛点，以此为切入点组织话术，用户更容易被吸引。具体可从以下角度挖掘痛点。

● 直播间用户的年龄段、性别、职业、经济水平……

● 待售产品的功能、效果、价格……

技巧 2 **强调产品实力**

- 我给你们介绍一个主播的自用款，很多我喜欢的主播也

推荐过，比如×××……这里面有没有你认识的主播？（主播自用法）

- 宝子们，今天给你们带来咱们直播间卖了10万单的镇店之宝！咱们直播间有很多宝子都为这10万单做过贡献，来，属于这十万分之一的可以发个"1"！（产品销量法）

- 大家好，欢迎大家来到×××品牌包包的直播间，我们品牌是国内一线品牌，而且去年是×××（名人的名字）代言过的！是×××粉丝的宝宝在公屏打个"真爱"，让我看到你们！（名人代言法）

（技巧点拨）

在直播话术中强调产品实力，例如销售10万单、×××同款、×××代言等，借此进行互动，提升直播间人气。其他可以使用的信息：权威机构的认证、出口国家或地区的数量、取得某某奖项、某某活动指定产品等。

技巧3 主播亲自展示产品

- 小助理，马上把咱们家7号链接的爆款手链拿上来！这是我每次直播，姐妹们都要拼手速抢的一款手链，给大家看看产品工艺（展示细节）……今天库存不多，想要7号链接这款手链的姐妹，把"7号"扣起来吧！

- 这款大珠链的长度有一米六，给你们看这个长度的链子到底美不美！这款已经被拍过无数次了，特别优雅，特别复古！姐妹们有什么地方想看，让导播切镜头，我给你们仔细展示。

- 主播手上拿的是一款专门为40岁以上女性定制的面膜，是很多姐妹回购的一款。想不想看面膜的细节？大家在公屏上扣个"1"，主播我拆开包装现场试用！

- 来，现在就给大家看看这款电子表的使用效果。我先戴上它（主播戴上手表）……大家看啊，随意调整腕带即可贴合手腕，表盘简约美观！

（技巧点拨）

主播手拿产品进行展示或者试用产品，直播间用户能直观看到产品细节、使用效果，更容易对产品产生兴趣，留言互动。

11_ 高情商回复：这样回复留言，尽显高情商

场景1 用户在公屏上提意见

普通说法　　××同学说得对！

进阶说法　　××，谢谢你的直言不讳。你说的话很有道理，我是直来直去的人，咱们很对脾气！家人们，咱们可以拉拉小手，真诚地交个朋友。

（技巧点拨）

面对用户提意见，千万不要表现出不耐烦的情绪，这样会导致用户不再愿意与你互动。记住，要使人喜欢你，使人愿意靠近你。

场景 2 用户抱怨直播卡顿，但实际上网络是正常的

普通说法　卡吗？不会吧，我这里不卡啊？

进阶说法　刚才这位家人说很卡，你们觉得卡吗？觉得卡的在公屏上打个"卡"，觉得不卡的打"不卡"。让我看到你们的情况！

技巧点拨

要学会化危机为转机，不要对用户的抱怨视而不见，这是增加互动、提升直播数据表现的好机会。有互动才会有交流，有交流才会有停留，有停留就会有"推流"。

场景 3 用户在评论区说主播坏话

普通说法　没有这样的事！

进阶说法　×××在评论区说了主播我的很多坏话，我一句一句地记了下来。看到你对我这么"用心"，我都有些感动了。这样吧，家人们在直播间监督我，看我会不会有这样的行为，让我证明自己的清白，怎么样？

技巧点拨

主播要主动控制直播间的言论和话题方向，不要被用户牵着鼻子走。

场景 4 用户在评论区质疑主播的能力

普通说法　不好意思，我现在还是新人，肯定有做得不好

的地方。

进阶说法　虽然此时此刻直播间人不多，但不要小看我，我刚刚开直播，未来可期！而且我向成功主播付费学习过，今天我就给大家展示一下我学习来的直播技术。你们看一看我能不能在 20 分钟的时间内把直播间人数提高到 30 人！愿意见证的家人们，在公屏上打个"见证"！

(技巧点拨)

用户质疑是正常的，没有人愿意向一个什么都不会的新人学习，因为价值是用时间交换的。当你以积极的态度回应质疑，把劣势变成优势，就会有用户愿意和你互动，这时无论用户在公屏上打"相信"还是"不相信"，都可以算互动成功。

其他场景

● （用户问问题）直播间的家人们，有谁知道××刚才问的这个问题该怎么解答吗？

● （用户说自己没听清楚主播说的话）家人们，×× 说没听清楚我说的话，你们觉得我的语速怎么样？家人们可以把意见打在公屏上！

(技巧点拨)

主播要借力打力，善于借助直播间一切有利和不利的言论来创造互动。厉害的人能做到万物皆为我所用。

第 3 章

产品讲解：

生动介绍产品，让用户心动下单

01_ 场景代入：让用户身临其境，产生购物欲望

场景 1 在直播间介绍一款连衣裙

普通说法　各位姐妹，今天我们给大家带来的这款连衣裙，是 2024 年的夏季新款，大家可以看看喜不喜欢！

进阶说法 1　微胖的姐妹，今年大火的这款连衣裙，你入手了吗？这一款上身让你超级显瘦，剪裁很立体，能塑造出 S 形曲线。姐妹们想象一下，约会时你穿上这款连衣裙，缓缓走向你的对象，再对他露出迷人的微笑，他肯定都要看呆了！

进阶说法 2　夏天要来了，有没有想去海边旅游的姐妹？你们看这款连衣裙，特别适合去海边时穿！你可以想象一下，你穿上它，走在海边，这个时候阳光洒在你身上，身边的朋友随便给你拍一张照片都是海报！

场景 2 在直播间介绍一款零食

普通说法　大家好，欢迎大家来到我的直播间！今天我给大家带来的这款薯片，你们一定都需要，走过路过不要错过！

进阶说法　大家好，欢迎大家来到我的直播间！今天来的宝宝有没有特别喜欢吃薯片的？我知道有的宝宝追剧的时候要吃，看综艺时也吃，上班吃，下班也吃，结果吃一个月下来整个人胖了一圈，但是就是忍不住！今天我给大家带来的这款薯片是非油炸的，香气浓郁，放心吃！这款薯片你不仅可以自己吃，还可以分享给朋友，将这样好吃又健康的零食分享给他们，他们肯定爱死你了！

| 话术公式 | 什么人要用 + 什么场景用 + 用了有什么效果（顺序可调整） |

（技巧点拨）

什么人要用：精准划分用户，使被击中痛点的用户产生代入感。

什么场景用：指出工作、生活或学习中的适用场景，帮助用户代入。

用了有什么效果：效果要和用户的痛点对应。

用话术营造的场景要具体才有吸引力。好的话术，能够让用户代入使用产品的场景并对使用效果产生预期，从而产生购买欲。

更多营造场景的话术

- 早上起来的时候，你可以用这个保温杯倒点儿热水冲杯咖啡。等到你想喝下午茶，或者是开完会口渴的时候，打开这个保温杯，咖啡还有点儿烫嘴呢！

- 这款香水，喷上之后，哇，闻起来就是一个恋爱中的少女开心地去找男朋友那种甜甜蜜蜜的感觉。

02_ 需求挖掘：深挖需求，让用户被看见

方法1 一对一挖掘需求法

普通说法 直播间的 ×× 先生，你好，我想请问一下：吸油烟机，你要顶吸式的还是要侧吸式的？吸油烟量有 17 立方米

的，有 19 立方米的，还有 21 立方米的，你要哪一种？风格有欧式的，有中式的，你要哪一种？

进阶说法　直播间的 ×× 先生，你好，我想冒昧地问一下：你们家谁做饭比较多？你们家厨房是开放式的还是封闭式的？你们家橱柜是什么颜色的、什么风格的？

（技巧点拨）

主播要学会使用场景进行提问，多问与实际生活场景相关的、用户容易回答的问题。如此提问更容易挖掘用户深层的需求，进行产品匹配。过多的关于产品功能性的提问，会增加用户理解问题的难度，从而让用户放弃回答与购买。

方法 2　一对一推荐法

普通说法

● 这款大家都能用。

● ×× 宝宝别担心，这几款都适合你。

进阶说法

● ×× 姐妹，你打算同学聚会的时候戴新项链，是吗？这款项链就特别适合，让你既有学生时代的清纯，又有成熟的韵味。

● ×××，你是不是和我一样有油皮的困扰？我自己就是大油皮，皮肤经常出油。用这款洗面奶真的是让人神清气爽，作为同病相怜的人，我真诚地推荐你用。

● ×× 兄弟，我看你说想挣点儿零花钱。那你想不想找个副业？我看最近比较火热的 AI 办公就比较适合你，比如平时用 AI 写个文案，也能赚钱。想学怎么用 AI 工具的话，咱们这儿的 AI 训练营你一定不要错过！

（技巧点拨）

主播作为专业人士，必须熟悉产品。在用户有困扰和需求时，主播要用经验进行判断，发挥专业导购的作用，一对一提供建议。主播能为用户提供正确的建议，会显得更加可靠、可信，也会吸引更多用户。

03_ 获取信任：用好 4 套话术，让用户更加信任你

话术1 通过自我介绍获取信任

● 首先做一个简单的自我介绍，我叫×××，大家可以叫我×× 姐。我是粉丝超 500 万的账号×××× 的主理人，×× 平台认证优秀主播，两年里通过短视频和直播的方式，带领百万粉丝一起学××××。

● 我一直深耕于×× 行业，已经有×× 年了，也获得了各项资格证书，如果你们经常上×× 平台，肯定能在那里看到我。

（技巧点拨）

主播进行自我介绍，可以通过展示自己的专业能力来取得用户的信赖。

话术 2　通过产品质量 / 销量获取信任

- 这款产品无酒精、无香精、无色素、无矿物油，孕妈和宝宝都可以使用。

- 这款产品在我卖之前，旗舰店已经销售超 2 万份了！

- 这本书真的非常好，上市两周就在京东、当当取得同类书销量第一的好成绩！

（技巧点拨）

质量检测结果、销量榜单排名、用户好评反馈等都可以成为有效证明。

话术 3　通过品牌 / 连锁店数量背书获取信任

大家好，欢迎大家来到 ×××× 品牌直播间。我们品牌在全国有 ×× 家旗舰店，产品的销量一直领先，产品的质量也一直受到各界的认可。

（技巧点拨）

直播间可以展示品牌实力、产品质检报告、开店数量、商场专柜的形象等。

话术 4　通过专业 / 权威获取信任

- 这款宝贝在 ××× 平台有 10 万篇笔记"种草"，是那种只要你买过就会想要向你身边的人推荐的产品。

- 这款产品真的在 ××× 的直播间卖爆了，是他一直在用的产品，真的特别好用！

(技巧点拨)

主播可以借助知名社交平台、专家等的权威性获得用户信任，用户都倾向于信任专业、权威的人或机构。

更多参考话术

- 宝宝们，你们知道为什么线上价格比线下价格便宜这么多吗？因为线下实体店的各种成本实在太高了，为了提升我们品牌的知名度，降低成本，我们开始在线上进行售卖。

- 来，宝宝们，今天主播只为涨粉。我们采用的是薄利多销的模式，努力使各位宝宝都能买到好产品！

- 宝宝们赚钱都不容易，花钱仔细一点儿，这没有毛病。我会用我12年的从业经验，告诉你如何选到心仪的产品！

04_ 直击痛点：直击用户痛点，凸显产品价值

推荐说法1

- 来，有没有姐妹是过了25岁的？你如果没有超过25岁，你一定不要买，我怕你提前抗老赶超我们。刚才这是开个玩笑哈。这个产品包含的成分是大品牌都在用的。

- 有没有和我一样爱穿套装的姐妹？我以前不穿套装时，每次出门前光搭配衣服颜色就要花半个小时。来，你们看一下

这些套装的颜色搭配，随手拿一套穿上，你就是最酷的女孩儿！

● 有没有皮肤特别干、有细纹的姐妹？有的给主播扣个"1"。有没有皮肤特别油，早上起来满脸油的姐妹？有的给主播扣个"2"。今天有皮肤问题的姐妹有福了，主播推荐的这款面膜，姐妹们一定要看看！

话术公式	锁定人群 + 指出痛点 + 展示产品卖点

技巧点拨

公式里的 3 个要素一定要环环相扣。先精准锁定人群，再抓住他们核心的痛点，最后针对痛点展示产品卖点，为用户提供有效的解决痛点的方法。

另外，可以多在话术里设置问答，这样节奏感更强。设置的问答一定要针对产品的卖点、要解决的痛点，这样用户更容易对号入座。

推荐说法 2

有没有混干性肌肤，爱长痘痘的女生？对有这种情况的女生，我一般推荐用 ××，一般的 ×× 很容易让肌肤更敏感，用起来特别刺痛！但我们这款不会，把它抹在脸上有一种滑滑的感觉。天猫店铺卖 280 元，130 毫升；我卖 226 元，还买一瓶送一瓶，另外再送一瓶面霜。

话术公式	找到痛点 + "放大"痛点 + 引出产品 + 强调价值 + 降低购入门槛

找到痛点只是开始，让用户真正"痛"起来，才更容易卖出产品。其他示例如下。

找到痛点：早上上班很匆忙，来不及吃早饭。

"放大"痛点：长期不吃早饭容易得胃病。

引出产品：具有定时功能的电饭锅，晚上操作 30 秒，早上起床就能吃上早饭。

强调价值：名人代言、大品牌、设计获奖。

降低购入门槛：日常售价 699 元，直播间只要 399 元。

05_ 情感价值：渲染情感，打动用户的心

普通说法　这台车的安全系统做得非常好，能给你和你的家人满满的安全感！

进阶说法　来，直播间的宝宝们，这台车有侧边防撞气囊。这个气囊非常重要！……意外事故发生时，坐在副驾驶位有时更危险，是不是很多朋友不知道？

你们想想，如果一个家庭出行时丈夫主要负责开车，太太坐副驾驶位，那么在买车时，丈夫可以告诉太太，这台车配了侧边防撞气囊。相信太太可以充分感受到丈夫对她的爱，会非常感动并且支持丈夫选购这台车。

今晚在我直播间买这台车的朋友，买的不仅是安全，还是爱。

话术公式	特征 + 利益 + 价值

(技巧点拨)

特征,即产品的突出特点;利益,即产品的这个特征可以给用户带来的利益或好处;价值,即为用户提供价值,包括使用价值、情感价值、成长价值等。

06_ 价格对比:对比价格,让用户知道好价不容错过

普通说法 来,各位宝宝,今天在我直播间你能拿到的是相当优惠的价格。因为我是工厂老板,我做了10年的品牌代工,所以能给大家工厂底价!

进阶说法 我是工厂老板,我家给各大主播和品牌做供应商,做了10年的品牌代工,所以能给大家工厂底价!

像这种材质和版型的短裙,线下商店的售价至少是3位数,但在我直播间29.9元就可以带走。29.9元也就是我们买一条内裤的钱,但是今天在我直播间,你用29.9元就能把这样一款做工精细的短裙带回家!

(技巧点拨)

对比产品价格,突出产品价值。我们可以把服装产品的价格划分为市场价(或日常价、吊牌价等)和直播价。通过价格的对比,

用户能更直观地感受到产品的性价比高，也就有了购买的理由。

07_ 成本剖析：深度分析成本，凸显产品物有所值

普通说法

这款衣服的面料相比普通的面料，摸起来更加柔软！

进阶说法

● 这款衣服的面料是 200 克的定制高密度精纺棉，比普通的面料更加柔软！

● 这件中国风的衬衫，每颗扣子的手工成本就要 8 元，一件衣服 5 颗扣子就要 40 元。普通扣子肯定没有这么精细的做工！

● 这套课程，是我们专门请了 8 位技术大咖参与，一起打磨了 10 个月才完成的！

技巧点拨

描述产品细节，用工艺、原料、制作时长等来凸显产品价值。例如，服装可以从以下维度阐述。

维度	话术示例
面料	这件衣服是纯棉的，手感非常柔软
版型	它的版型是修身的，穿上特别显瘦
款式	长款短款都有，码数也很全
工艺	它的领口有刺绣，看起来简单中带着点儿个性

08_ 数字讲解：列举具体数字，体现细节

场景1 凸显产品细节

普通说法 1 这个包上面的钩花都是手工制成的，做工复杂。背上这个包，能让你和别人不一样！

进阶说法 1 我和你们说，这个包上面的钩花，你们不要小瞧它哦，都是有 8 年以上经验的老师傅才能钩出来的，工序整整有 6 道。每一朵钩花都需要耗费师傅 5 分钟的时间，而这个包上面整整有 12 朵！这样的细节，这样的工艺，让这个包和别的包不一样！

普通说法 2 这个绿色是不是很特别，是不是不多见，是不是很亮眼啊？这个绿色有一种夏天的感觉！

进阶说法 2 这个颜色我前后调了一个月，弄了整整 17 次！这个颜色淡一点点，显黄；浓一点点，显老气。所以我整整调了 17 次，就希望你看到这抹漂亮的绿色！

场景2 凸显产品整体质感

普通说法 这个料子真的比别的料子好太多，看着就质感好。

进阶说法 "质感"这两个字我一般不轻易说，但是你看看我身上这件衣服料子的密度有多高，如果我放弃这个料子，去做那种普通的、不精致的衣服，我可以用现在一件的成本直接做三四件出来。但是我不要，我希望你们穿的衣服是有质感的。

技巧点拨

什么是"高级感"？什么是"很特别"？用户对数字是很敏感的，当你只能翻来覆去地用套话来描述产品时，不如选择用具体的数字来凸显产品的质感。

09_ 反向推荐：让用户认定产品"非他莫属"

场景1 在直播间推荐一款粉底液

普通说法 姐妹们，听我说，咱们别的都可以将就，但是粉底液一定要精挑细选，选好用的，选适合自己的。这一款粉底液我这段时间一直在用，效果确实很好，我长时间在咱们直播间那么多灯的照射下也没有脱妆。来，导播老师切个近景，你们看看这个效果……大家抓紧时间拍，真的不要错过这么好用的粉底液！

进阶说法 来，宝宝们，听主播给你们分析一下。油皮的宝宝不要拍这款粉底液，它适合干皮的宝宝，油皮的宝宝如果用了它，会长痘。油皮的宝宝可以看下一款，千万别花冤枉钱！

技巧点拨

推销产品时，反向话术同样好用。告诉用户"这个产品不用买""别瞎买"等，这种策略在心理学上叫相反立场策略。站在用户的角度为用户着想，帮用户"避雷"，会让他们更容易对你产生信任，也就更容易促成下单。

场景2 用户纠结买哪个款式

普通说法 白色款很好啊，白色不挑人。黑色款也不错，黑色显气质。这个粉色款很显白，黄皮、白皮都能穿……

进阶说法 ××姐妹，你能喜欢这件衣服，说明它的版型真的好。那颜色的话，我建议你就不要去拍你家里已经有的颜色了。我不会跟你说哪个颜色都好看，都拍回去试一试。在我的直播间，我有什么就说什么啊。如果你白色上衣已经够多了，你就不要再拍白色款了。如果你皮肤很白，相信我，一定要拍粉色款。

话术公式	反向建议/排除错误选择＋肯定正确选择

技巧点拨

用户纠结买哪个款式，主播也跟着一起纠结，那么这一单很难成交。此时用反向话术，为用户排除错误选项，并提供正确的选项，更容易促成下单。

其他反向推荐话术

● 所有身高在一米五以下的小姐姐，千万不要拍这款连衣裙！因为这款连衣裙的版型适合高个子的小姐姐。就是因为我内心认为这款产品不够完美，不适合所有人，所以没有给你们特别高的价格。一米五以上的小姐姐，想要的可以留言！

- 我们直播间今天的产品就一个特点：贵！觉得贵了不想买的家人们不用买，今天这些货只想让懂品、识货的家人们拍到！

- 来，直播间的家人们，男生打个"男"，女生打个"女"。今天我们直播间的这款面膜，男生就别拍了。男生用基础的补水保湿面膜就可以了。直播间的姐妹们，25岁以下的不要拍这款面膜，25岁以上的可以拍！

10_ 产品切换：巧用转场话术，"丝滑"地切换到下一个产品的介绍

什么是转场话术？

从一个产品的介绍，过渡到下一个产品的介绍，在过渡时所说的话，就叫转场话术。主播只会单一又普通的转场话术，用户很快就会审美疲劳。

普通说法

来，直播间的宝宝们，这款产品的讲解就到这里啦，接下来我们看下一款产品。

方法 1　使用福利过渡

进阶说法

- 来，宝宝们，这款喜不喜欢？我看到有宝宝说想要福利，是吗？刚才没抢到？好，想要福利的宝宝，直接把"想要"两个字给主播扣在公屏上面！主播第一次来 ×× 平台直播，为

的就是涨粉，今天福利给大家送不停。一会儿给大家送完福利后，我们看看今天另外一个爆款，好不好？

● 姐妹们，接下来我要宣布一件大事：厂商指导价要199元的大爆品来了，一共5套！请大家把直播间转发给关系好的姐妹，然后我直接以19.9元给大家上链接。来，后台帮我截图，所有姐妹都可以去抢！

话术公式	当前产品介绍收尾 + 引入福利增加人气 + 趁人气高峰切换到下一个产品的介绍

（技巧点拨）

使用福利过渡可以短时间增加直播间人气，同时快速提升直播间用户的好感与期待值，使切换更加顺利。

方法2 使用直播间人气数据过渡

进阶说法

● 我的天，宝宝们，我们直播间人数飙升到了1000人！你们真的太给力了！感谢新老粉丝对我今天直播的关注和支持！宝宝们，你们今天既然这么给力，我直接把福利给到位，好不好？来，宝宝们，在直播间把"大卖"两个字给我扣出来，我马上让我们后台的运营小哥哥直接给大家上"王炸"款，好不好？宝宝们把"大卖"扣起来，直接给大家上"王炸"款。

● 直播间人数现在已经飙升到1000人了，感谢新老朋友对我的支持。来，所有姐妹直接把"王炸"两个字扣起来！来，助理，直接把今天的福利爆品提前给大家上一拨儿！

（技巧点拨）

主播可以以直播间人气数据为切入点，自然转场，引导用户互动的同时开始做产品介绍。直播间人气高涨时，用户购买意愿也会高涨。主播可以鼓励用户发弹幕、发评论、点关注，同时主播的声音也要充满激情。

方法3　使用整点时间过渡

进阶说法

● 来，宝宝们，你们期待的整点福利来了，打起精神来！马上 × 点了，我给大家上福利，好不好？直播间点赞到 5 万，我直接给大家炸一拨儿福利，倒计时 × 分钟（或秒），助理把音乐给我调到最大声！

● 全场的姐妹们准备好，万众期待的整点特别产品即将上架。来，助理把音乐调到最大声，大家把赞点起来，我们要开福利了。

（技巧点拨）

在整点时间切换产品，需要主播在直播的过程中不断地提示用户整点时会有福利。

方法4 使用高性价比产品过渡

进阶说法

来，所有在直播间的宝宝，我和大家宣布一件事情，你们每个人都有机会参与！这个产品，在商场专柜卖1999元一套，今天在我的直播间，只要有50个姐妹给我点关注，我直接拿出10套来做福利！想要的宝宝一定要给我点关注！后台现在开始统计。谢谢××宝宝给我点关注，感谢你的支持！来，宝宝们，没有点关注的赶快去点关注。

（技巧点拨）

利用高性价比产品不仅可以顺利完成转场，还可以提升直播间的各项指标，比如销售单数、直播间人气等。

在使用此技巧时，一定要注意使用价格对比等方式，来突出高性价比产品的独特价值，让用户产生购买欲望，从而愿意配合主播去点关注、点赞、邀请好友。

方法5 使用搭配产品过渡

进阶说法

所有姐妹，刚刚介绍的是吊带裙。不过有的姐妹觉得吊带裙有点儿暴露，穿出去不方便，是吧？别慌，我们可以搭一件小外套。

大家可以看一下2号链接的小外套，待会儿我直接给姐妹们开一拨儿大福利。一整套搭配更好看，更好穿！一整套都是福利价！

话术公式	A 产品介绍收尾 + 指出 A 产品的小问题 + 用 B 产品解决问题

技巧点拨

能够互相搭配，又能够互相弥补不足。主播可利用 A 产品的问题击中用户的痛点，再介绍 B 产品，"丝滑"切换。

方法6 使用背景故事铺垫过渡

进阶说法

姐妹们今天真的来对了，为了这场直播，我跟我的老板商量了很久。今天我给大家争取到了一个爆款做福利，它是我们直播间卖了 3000 多支的口红，一直都是卖 299 元的，今天我直接把价格降到两位数。但是老板要看支持我的粉丝多不多，多的话我才能给你们上架。姐妹们把"支持"扣在公屏上，让我的老板看看。来，后台准备一下，上咱们的福利链接，这款口红今天只要 99 元，我直接给姐妹们炸福利。

技巧点拨

以背景故事作为铺垫，点明爆款福利来之不易、价格难得，以此增加用户停留的时长，自然转场。

11_ 预售产品：如何进行产品预售，不影响用户下单

普通说法

家人们，这个款还需要 20 多天才能上架，委屈家人们稍微等一等了！

进阶说法

来，直播间所有的姐妹，这双鞋子大家都很喜欢，对不对？我和大家说件事啊，正常来说，这双鞋子如果是我们门店发货，要卖到 599 元的价格，但是我今天给你们降到 199 元的价格，给你们带来的是跟我们门店一模一样的鞋子。

直播间所有的姐妹，门店那边我确实拿不来货了，但是我告诉大家，货全部都给大家从厂家直发！不过，厂家那边发货可能需要大家等 20 多天的时间。但是这 20 多天，姐妹们记住了，我一定每天都去厂家那边给大家看货，保证你们拿到的鞋子和我们门店是同样品质的！

直播间所有的姐妹记住，买东西千万不要心急，我能保证让你们过年时穿到这双高品质的美丽鞋子！

这双鞋子还有一个满天星款。为什么要大家预约订货？因为这个满天星款你拿到手之后，2 月 14 日情人节你就可以美美地穿出去了。但如果说我急于求成，3 天、5 天就给你发货，我能不能做到这么完美？肯定是不能的。

话术公式	介绍产品高质量 / 低价格 + 引出预售 + 安抚用户情绪 + 解释预售原因 + 强调预售产品的特点

预售产品需要用户等待，要让用户意识到等待是值得的，就要强调预售产品的特别之处（或用户购买预售产品的好处）。

以产品的高质量、低价格开头，引起用户兴趣，再告知用户产品需要预售；紧接着安抚用户情绪，向用户解释预售的原因与预售产品的特点，让预售产品逐渐被用户接受；最后引导用户下单。

第 4 章

打消顾虑：

提升话语说服力，
让用户爽快下单

01_ 产品上架：上架前怎么说，用户会抓紧下单

普通说法 我数三个数然后上链接，大家抓紧时间拍啊！

进阶说法 1 今天给各位宝宝推荐的是我们家的爆款产品，累计销售超过 10 万件，好评率达到 98% 以上，运动员 ××× 在跳操时穿的也是这款运动背心。上架之后大家赶紧买，估计这款一分钟左右会卖完。（获取信任）

技巧点拨

上架爆款产品，一下抓住用户眼球！

进阶说法 2 欢迎各位宝宝来到我的直播间，今天我新号开播，宠粉福利送给大家！价值 200 元的小香风外套，今天只要 99 元，还顺丰包邮。有没有宝宝想要的，想要的给我回复个"想要"，我这边给大家精准加库存。（价格前置）

技巧点拨

展现实惠价格，用数字让用户心动！

进阶说法 3 各位家人，今天给大家上一个我们家的主推款。有没有第一次来我直播间的家人，有的话回复个"1"。

回复"1"的家人们，我直播间里其他的你可以不买，但这件衣服千万别错过。（强烈推荐）

（技巧点拨）

亲切称呼直播间的用户，鼓励用户互动，再自然地介绍产品！

进阶说法4 （模特穿着连衣裙缓缓走出来）

哇！大家快看，雅姐也太好看了吧！这就是今年流行的克莱因蓝吗？来，雅姐，转一圈给大家看看。哇，真的显得雅姐好有气质，而且还显白。（产品展示）

（技巧点拨）

直接展示产品，给用户看得见的刺激！

进阶说法5 来，家人们，有没有有小肚腩、穿裤子不好看的？今天介绍一款修身显瘦的牛仔裤，你穿上之后，别人看不出来你有小肚腩！（痛点前置）

（技巧点拨）

击中用户的痛点，更容易推出新产品！

02_ 优惠时间：用户说"再看看""下次再买"时，如何挽留

方法1 福利难得型

普通说法

今天这个价格真的属于超级优惠了，再等就没有了，我不希望你后悔。

进阶说法

要不是我今天为了冲人气，都不能有这样的价格。直播间的老粉可能都知道，3号链接那个款和1号链接这个款类似，一直都是888元，1号链接这个款的材质和线下商超1000多元的是一样的，你可以自个儿去对比。冲到一万粉，我就把价格调回去，后面不会有这个价格了。

话术公式	送福利原因 + 价格对比 + 送福利截止时间

（技巧点拨）

单纯介绍福利不足以让用户产生紧迫感，话术里一定要加上送福利的原因和截止时间，让用户知道送福利活动随时会结束。

方法2 时间紧迫型

普通说法

今天我下播后这个优惠价格就没了，大家抓紧时间下单！

进阶说法

● 还有最后 3 分钟，最后 3 分钟！没有买到的宝宝赶紧下单。时间到了我们就下架（恢复原价）了！

● 大家真的不要再犹豫了，这个价格主播都很少见到！还有没拍的小伙伴吗？优惠结束倒计时了啊，还有最后 1 分钟，马上就要结束了！最后 50 秒、最后 45 秒……

（技巧点拨）

优惠的结束时间要尽可能具体，报数、倒计时等都能让用户感觉到时间紧迫。

更多话术示例

（1）强调时间短暂。

来，倒计时准备。姐妹们注意，只有 5 秒钟，抢到就是赚到。我看看有多少姐妹为了这条裙子等了一晚上！

（2）强调截止时间。

12 点过后下链接。这款不要 4000 元，不要 3500 元，不要 3499 元，直接 3299 元卖给大家。

03_ 产品价格：用户质疑价格时，点明产品超值

场景1 当直播间产品与同类产品相比价格更高

普通说法 我们的价格真不高，一分钱一分货，好东西它

自然不便宜。

　　进阶说法 1　我们课程的价格确实高一点，但许多用户以更高的价格选择我们，难道是因为他们钱多吗？不是的，是他们在低价和高品质之间做出的选择。

话术公式	承认价格高 + 反问 + 点明品质高

技巧点拨

　　利用其他用户的购买行为证明产品的质量，打消用户对价格的疑虑。

　　进阶说法 2　有人说产品贵，这个我承认，在价格这一块我们家真的没有办法和那些低质量的比。毕竟我们家做每一款手表都追求高品质。别的不说，你看一下这个表盘的细节。戴手表不仅仅是为了好看，还要讲究质感。你的钱不是简单地花掉了，而是换成了高档产品来衬托你的气质。所以姐妹们不要犹豫，收到产品后不满意的话，你们给我退回来。

话术公式	承认价格高 + 用质量好解释价格为什么高 + 展示产品细节 + 强调附加价值 + 退货保障

场景2　当直播间产品与同类产品相比价格低

　　普通说法　你随便去和市场上的价格对比都可以发现，我们的价格是很低的。

　　进阶说法　欢迎直播间的朋友们全网比价，看看还有谁的价格比我的更低。今天我非常肯定地告诉大家，出了直播间就再也找不到这个价格了。为什么我要给这样一个福利价格？理由很简单，这个福利我只想给我直播间的粉丝，以此感谢大家这么久的支持！

(技巧点拨)

当用户质疑价格时，不要直接粗暴地反驳，要根据实际情况，选择话术。价格高时强调产品质量、品质；价格低时强调机会难得，错过不再有。

04_ 质量承诺：不"吹"不"黑"，不违反广告法，用户信得过

普通说法

- 我们的产品质量是很好的，你完全不用担心。相信我，你用一次就会爱上它。

- 我们产品的质量相当好，你可以放心地买！

进阶说法1

宝宝，你的担心我很理解，现在确实有很多手机质量不好。不过你放心，我们的数码产品都经过严格的质量检测。你看，这是检测报告……而且，我推荐的手机都是知名品牌的，线上线下的质量都是一样的，你可以到专卖店对比……

我们这款产品累计销售超过10万台，××爆款榜排名前

三。质量上你完全可以放心，数据不会骗人。

产品质量的好坏，需要你亲自体验，在你使用之前，我说得天花乱坠也没用。今天全店赠送运费险，支持 7 天无理由退换货。

进阶说法 2

我看到有小可爱在问我质量问题，这一点你放心，很多我们家老粉都买过了。我只是嘴上说质量好，你肯定也不相信，对不对？但是今天我要给你看的是细节，你可以看这里，可以截个图，等你拿到货后去做对比，看一下是不是一样的。质量向来是我们看重的，并且我们为大家提供了 7 天无理由退换货服务，已经都安排好了。这些都是你们该享有的粉丝权益，我一定不会辜负你们的信任！

话术公式	积极回应 + 展示证据 + 给出承诺

技巧点拨

用户关心产品质量非常正常，而自卖自夸没有说服力，给出质量证明，并提供售后保障，才能有效打消用户的疑虑。

05_ 库存数量：如何巧报库存，制造紧迫感

场景1 第一轮加库存

普通说法　宝宝们，刚刚听清楚了吗？来，我们先上 100

件，大家赶紧抢。

进阶说法　宝宝们注意了！咱们今天直接亏钱开价儿，已经放了 100 件，还剩 30 件。今天抢到就是赚到，抢完就没有了，不会再上了。拍下的赶紧付款，付好款的到公屏上扣"抢到"，我优先给你们发货。还剩 10 件啦！

（技巧点拨）
使用产品的剩余数量、抢完不再有等描述，能制造紧迫感。

场景2　**第二轮加库存**

普通说法　好，库存刚加了 20 件，大家赶紧抢。

进阶说法 1　宝宝们，今天我跟你们说，大家一定要拼手速，之前运营说库存没有了，但是我又给宝宝们争取了 20 件。大家一定要拼手速，不然我真怕你们闭眼睁眼的时间，库存就又没了。

（技巧点拨）
强调增加的库存来之不易，让用户更加珍惜下单机会。

进阶说法 2　刚刚说了，这一拨儿只有 10 件库存给大家去拍，下一拨儿只能等到一个小时之后了！太多宝宝说没抢到，这样吧，运营帮我把最后 10 件从仓库拿过来。现在点赞是 1.5 万，如果点赞到 3 万，最后 10 件我直接给你们上了。上完这最后 10 件，我就不卖了，也卖不了了。抢不到的宝宝实在对不住，先到先得！

技巧点拨

不要频繁使用"加库存"的话术，因为这样容易消耗用户对主播的信任。

06_ 发货速度：这样讲发货速度，让用户尽快下单

普通说法 大家现在赶紧拍，越晚拍收到的时间就越晚。

进阶说法 所有上午拍了的宝宝，下午我就给大家发货，6 点之前，再晚快递就不接单了。今天不拍，明天拍就要多等两天才能收到货。

直播间的宝宝们听好了，我们都是根据宝宝们的下单时间来排单发货的，有的时候虽然只隔了 2 分钟，但是中间可能会隔几百单。今天咱们直播间前 100 个拍下的，我在 24 小时内给大家发货，开通绿色通道！所以，只要你喜欢，只要你心动，拍下 1 号链接不要犹豫。你一旦犹豫，就会比其他人晚很久才能收到货。

技巧点拨

描述下单迟会导致发货晚的后果，渲染紧张氛围，让急于收到货的用户尽快下单。

07_ 好评反馈：巧妙回复用户好评，能增加下单量

普通说法 你看有买了的伙伴说质量真的很好，其他还在观望的伙伴，可以放心买了。

进阶说法1 刚刚有宝宝留言了，他说："你家衣服收到了，真好。"

谢谢这位宝宝的反馈。直播间所有姐妹听我说，我家这款衣服一天卖1000多件，每天直播间都会收到100多条好评，没有拍的抓紧时间去拍啊！

我说好不算好，粉丝说好才是真的好。

大家可以点开1号链接，去看看相应的评论，100个人里面是不是有99个都在夸？我做不到让所有人都满意，但是大部分宝宝满意就值了。来，我跟你们说，这一款成本就要100多元，你们不要不信。现在在我直播间只卖69元，大家真的抓紧时间了，库存仅剩10件，卖完就没有了！

进阶说法2 刚刚××宝宝在评论区说我们家的裤子穿上之后真的很好看。宝宝，谢谢你，你没说错。所有老粉都知道我们家这条裤子的品质！我今天用半价给宝宝们。我告诉大家，这条裤子是穿上有裤形、不显腿形的！而且宝宝们，无论是老粉还是新粉，你们能看到我们家的评价99%是好评！我不能做到让所有人满意，但是若我能做到让100个人中的99个人满意，那我就满足了！

话术公式	读出好评 + 感谢反馈 + 强调卖点

（技巧点拨）

用户好评是销售利器，主播要及时在直播间读出好评，接着强调产品的质量或者卖点，帮助自己更顺畅地进行销售或者追单。

08_ 引导互动：开单后引导互动，促进更多成交

场景1 在直播售卖过程中，用户纷纷下单

普通说法　拍了的记得回来评论"已拍"，我才能给你优先发货，才能给你安排运费险服务。

进阶说法1　来，宝宝们，我身上这个款提供7天无理由退换货和运费险服务，这些是你们该享受的权益。你们抢到的记得回来和我说一声"已拍"，我让运营再统计一遍，以防有遗漏。

我说我的产品质量好，口说无凭，你们买回去自己感受。嘿，你说巧不巧，我看到有老粉给我回复了啊！来，运营帮我把这位伙伴的名字记好。很多新粉可能不了解我们家产品的质量，但是我们家老粉清楚，几乎我上什么他们买什么。

拍了的宝宝，记得告诉我一声，让我确保你们都能享受权益。

进阶说法2　宝宝们，这一批货都拍了吧？（转过头问运营）运营小哥，今天这些货能全部发出去吗？（运营回复后）哦，只能发300单，是吗？（转回头、面向直播间用户）那这

样吧，着急拿到货的宝宝们让我看到"着急"两个字，我先给着急的宝宝发货；不着急的宝宝放心，明天下午之前都会给大家发出去的。

（技巧点拨）

直接要求用户评论"已拍"，容易违规。而类似"没有打'已拍'的几个工作日后再发货"的说法，会引起用户的反感。如果不发货，用户甚至会直接退货。

改变语气和语序，可使话术更有效，而且不容易违规，也不容易激起用户的逆反心理。

场景2　评论区有人评论"已拍"

普通说法　我看到××说"已拍"，其他还没拍的小伙伴在等什么？

进阶说法　我看到××说"已拍"，小姐妹又买啊？感谢支持，运营帮我给她安排优先发货！

买过我们家产品的老粉都知道我们家产品的质量是什么样的，我们家一直都是靠质量博取支持，不然老粉也不会说我上啥就来买啥。第一次来的姐妹们，这个款给你们安排7天无理由退换货，你们尽管放心购买，好不好？

接下来，我还有一个好消息要分享给大家！我们有两个新款产品，链接分别是3号和4号，非常适合25~40岁的女性用户。你们喜欢3号还是4号，我直接给你们安排。

话术公式	及时回应＋强调质量＋强调售后＋引出下款产品

技巧点拨

直播间用户主动说"已拍"，一定要及时回应，还要趁机给出产品的售后承诺，打消当前还未下单用户的顾虑，以此激发围观用户的购买热情。越多人购买，带动下单的效果就越佳。同时可以顺势引出下一款产品，继续激发用户的购买欲。

场景3　上架产品已售空

普通说法

家人们，这款没货了，谢谢大家！

进阶说法

● 家人们都已经拍完了，是不是？最近我们这个玩具系统升级了，升级版的带20首儿歌，旧版的只有10首。需要升级版的宝宝扣3遍"升级版"，我们直播间的小助理统计一下，扣过的宝宝全部给发升级版，没扣的就从仓库随机发。

● 家人们，这款裤子的升级版来了！升级版主要改进了裤腰……想要升级版裤子的家人扣3遍"升级版"，小助理统计一下，扣了的都安排仓库发升级版的裤子。

技巧点拨

产品售空，除了让用户扣"已拍"，如何再次带动互动？此时可以针对已下单用户，通过产品的特点（如"升级版""进阶版"）引导互动。

09_ 循环讲款：用"齿轮法"穿插讲款，保持用户的购物热情

普通说法

来，抢到的姐妹和我说"抢到了"。运营给抢到了的姐妹备注一下，咱们极速发货！还有这么多姐妹没抢到吗？

（话术过时、陈旧，用户已经听厌了。此时可以用"齿轮法"穿插讲款[①]）

进阶说法

姐妹们，抢不到太正常了，不要闹情绪！毕竟我们每次就上 10 件库存。今天是冲击 2000 单的活动，你买衣服我还送裤子，优惠力度就是大！我的目标就是涨粉，所以不可能一次性给大家放完库存，对不对？现在才涨了 300 多个粉丝呢。（渲染氛围）

感谢 ×× 姐妹点的关注，感谢 ××× 在左上角点的关注！（穿插互动）

大家不要急、不要催，距离产品上架还有两分钟，今天买衣服送裤子！（渲染氛围）

冬天到了大家都怕冷，都想买一件保暖睡衣对不对？别人

---

① 讲款，直播术语，即介绍产品。

做活动给你的货都是1个颜色1个尺码，瘦的人穿着大，胖的人穿着小。我做活动，给你4个颜色3个尺码，还买衣服送裤子，你抢不到很正常！（痛点）

这款睡衣穿上不显厚重，显气质……谁都想抢，点个关注又不要钱，万一你抢到了呢？（卖点）

你穿上后拍照发个朋友圈，如果没有小姐妹给你点赞，你直接退给我！产品品质好，我们自己有信心！没有人会亏钱去砸自己的招牌，你说是不是？（场景）

好好好，老粉丝不要催了，我给新进来的姐妹讲讲颜色、选个尺码后就直接上架！（渲染氛围）

白色纯洁、黑色神秘、粉色可爱、蓝色优雅！不管你皮肤白皮还是黄，第一次刷到我的，我推荐你选蓝色，蓝色显白，不会出错！最后30秒钟给大家选完款就上架！（卖点）

今天不要你专柜价××× 元，不要你网店价××× 元，只要×× 元！价格就是这么优惠！（比价）

今天做活动就是为了冲粉丝榜，就是为了涨粉！还有最后5秒钟就要上架了！（渲染氛围）

这一轮抢不到的姐妹直接等下一轮，每轮上10件，抢不到的不要闹情绪。来，后台准备，三、二、一，上架！（渲染氛围）

来，给×× 姐妹安排一件蓝色M码，给×× 姐妹安排一件白色L码！已经有13位姐妹打开了绿色活动通道！（穿插互动）

话术公式	渲染产品难抢的氛围＋穿插互动＋击中痛点＋讲解卖点＋代入场景＋比价（可穿插使用，顺序不固定）

（技巧点拨）

一批产品拍完，如果从头开始讲解产品的卖点、使用场景等，已经听过的用户不想再听，而要给新进来的用户讲明白又得花两三分钟，耽误时间，好不容易提上去的流量存在下降的风险。此时，主播用"齿轮法"把活动氛围、痛点、卖点、场景、比价话术穿插使用，会更加灵活，也更加有效。

注意，以上话术要根据自己直播的节奏选择使用。

10_ 活用老粉：新粉问题多，鼓励老粉来回答

普通说法　有新来的宝宝进直播间了，热烈欢迎！你提出的问题是这样的……（自己回答问题）

进阶说法　有新来的宝宝进直播间了，大家欢迎欢迎！新粉问题比较多，这就是咱们老粉发光发热的时候了，新粉有什么问题老粉在评论区帮我回答一下，到时候我发一拨儿福利犒劳你们，好不好？

（技巧点拨）

一一回答新粉的问题，会打断主播的直播节奏，还容易变成主

播和新粉的一对一私聊，造成直播间人气下降。

此时可以鼓励老粉在评论区回答新粉问题，再用福利犒劳老粉，既解决了新粉的问题，又让老粉获得了成就感。

11_ 鼓励促单：这样夸奖，用户不好意思不下单

普通说法

哇，这位妈妈真是让我佩服啊！您是一个真正的超级妈妈，能够平衡好工作和家庭，真是让人敬佩。我们的产品不仅可以帮您省去购物的时间，让您有更多时间陪伴家人，而且我们的产品质量是有保障的，您完全可以放心使用。

进阶说法

哇，您真的是一位有眼光的妈妈呀！您一定非常懂得生活的美好，我太羡慕您了。像您这样追求生活品质的人，肯定会喜欢我们这款提升家居品质的产品。

做一个好妈妈不容易，既要关心孩子的成长，又要保持好自己的状态。

我们这款产品的细节非常到位，能够让您的家变得更加精致、温馨和舒适。它还拥有一流的质量和优秀的设计，让您不仅拥有美丽的家，还可以给家人带来更好的生活体验。

技巧点拨

如果用户是不上班的宝妈，不要夸她贤惠，而是要夸她会经营

婚姻、懂生活。突出宝妈的自我关注，让她愿意为她自己花钱，或者愿意为别人对她的评价花钱。

不要见谁都夸漂亮、有气质，那样的夸赞会让用户感觉你是虚情假意的。针对不同的用户，给出不同的夸赞，才能击中用户的心。

更多夸赞角度

（1）不计较价格的用户：不要只夸他们豪爽，还要夸他们的性格，赞扬他们是成功人士。

（2）上班族：不要只夸他们是很勤奋、很努力的人，可以夸他们有上进心、有格局等。

（3）工作中取得成就的用户：不要只会干巴巴地夸他们好厉害，而是要夸他们平易近人、有修养、亲和力十足，赞扬他们的人格魅力与修养。

12_ 精准成交：筛选精准用户，让销售额倍增

普通说法　今天我上架的1号链接，觉得合适的宝宝们可以拍了。

进阶说法　1号链接的这件外套，399元的价格其实不算便宜了。没有买过咱们家衣服的新粉宝宝先别拍啊，因为我今天上的数量确实不多，老粉你们先去拍。

新粉宝宝，我推荐你先去拍我们家的2号链接，这件外

套 199 元，是体验价格，收到货后如果你觉得物超所值，你再回来拍 1 号链接。咱们今天先把这 20 件留给我们的老粉，好吗？

技巧点拨

售卖价格较贵的产品可选用迂回战术，将直播间粉丝分为老粉与新粉，建议新粉购买价格更低的产品。

13_ 低价品介绍：如何说能快速成交

普通说法

各位小姐妹，今天我给大家介绍的这款产品价格真的超级实惠！市场上同类产品的售价都非常高，但是在我们的直播间里，您能够以更低的价格买到同样优质的产品。

我非常推荐这款性价比超高的产品，特别是对那些想要在不花太多钱的情况下获得优质产品的小姐妹。现在购买的话，还有超值的优惠和礼品等着您哦！

进阶说法 1

三、二、一，上链接！不知道怎么拍的姐妹，来，我教一下大家。大家可以点击页面下方小黄车里的 1 号链接，直接拍黑色的那款，黑色的显瘦，还显气质。这做工，你收到货自己去看，跟七八百元的产品对比一下，质感完全是一样的。今天这款卖 99 元，纯粹就是为了涨粉。

没有付款的姐妹，不好意思，30秒钟后自动踢单[①]。价格是两位数啊，姐妹们！上身后如果效果不满意，可7天无理由退换货。

话术公式	引导下单 + 强调价格优惠 + 踢单 + 售后保障

（技巧点拨）

对于价格非常优惠的产品，要通过话术控制节奏，短平快地输出，带动直播间的购买氛围，引导用户下单。

进阶说法 2

● 家人们，用一杯奶茶的钱今天直接把它带走！左上角点关注可直接进入活动区。

● 不是新号开播，不可能直接将一整套衣服给大家以两位数的价格上架。

● 工厂直销，产品品质摆在这里，这价格大家都买得起。

（技巧点拨）

对于低价产品，讲究价格前置，但这里的价格前置可不是把"9.9元""39.9元"挂在嘴边。虽然用户确实在乎价格，但一直提低价会让其觉得产品廉价。主播要暗示价格低，但不要在上架前彻底把价格挑明。

---

① 踢单，清除占用库存但未付款的订单，释放库存以便其他用户购买。

14_ 高价品介绍：强调价值，快速成交高价品

普通说法

小伙伴们，我今天特别想跟你们分享一款超级棒的产品，就是我们家新上市的×××。我自己也是超爱它的，虽然这款产品的价格有些贵，但是它的质量非常好。我们家一直注重产品质量，所以不管是对原材料还是工艺，我们都精益求精，只为让你们买到好的产品。

进阶说法1

三、二、一，上链接！来，1号链接加50件啊！直播间所有粉丝，如果真的想要一件能够应对任何场合的西装外套，那这件西装值得拥有！从每颗扣子的固定到每处走线，全是一线品牌的工艺。

像这种做工的西装，其价格正常来说四位数打底，今天399元的价格让直播间所有粉丝体验真正的高性价比。任何时候你打开衣柜，它都是不会出错的选择。

还剩12件，别的衣服可以补货，但这件拍完补不了。每一件的制作至少需要8天，而且有10年以上经验的师傅才能够做出这个版型。

所有粉丝都可享受7天无理由退换货服务，不满意直接退！

话术公式	强调库存＋营造场景感＋强调价值＋售完无补＋售后保障

进阶说法 2

姐妹们，这一款优雅的法式印花裙，上身效果真的很"仙"……我们家主打的就是让你穿上身之后，有一种"燕燕轻盈，莺莺娇软"的感觉。复古的领子，优雅的袖子，突出一个"仙"字！娴静时如娇花照水，行动处似弱柳扶风。这要是周末出去踏青，随手拍上一张，发个朋友圈，谁见了不得评论一句"姐姐下凡辛苦了"？

我们家面料……我不敢保证这件衣服百分之百合你的心意，但是我今天把春夏新款拿来炸福利，就是我满满的诚意。都说"人生若只如初见"，今天你和直播间这条印花裙的初见，就是美好的开始。当然，如果在这人间四月天，你没有一条可以外出赏花弄月时穿的印花裙，我真的会替你感到遗憾。

工艺的难度决定了它无法量产，面料的产量决定了穿上它很难撞衫。好东西替你省的从来不是钱，而是时间。

话术公式	高级词汇/诗句＋强调产品设计＋营造场景感与画面感

技巧点拨

对于高价产品，讲究价值前置。"价值不到，价格不报"。用户要的是满足心理需求。

主播平时应注意积累一些高级词汇或诗句，让自己的产品介绍更动人心弦。同时，将产品能给用户带来的好处说清楚，并营造一个生动的场景，让用户有代入感。

价格较高的产品，一定要让用户意识到它的品质与细节是值这个价格的。介绍产品时注意突出卖点的价值与细节特点，再用库存少、优惠力度大等要素，强调这款产品值得购买。

15_ 促单话术：关键时刻点对点促单，让犹豫的用户立刻购买

普通说法

大家不要再犹豫了，赶快下单吧！

进阶说法1

××妹，运费险我给你安排上，你先拿回家无忧体验一个星期。来，直接看产品细节，你现在打开手机的录屏功能，如果收到的货和我直播间讲的有任何不一样，我假一罚三！（加大保障力度）

进阶说法2

运营小哥，倒计时5秒钟，之后不要再加库存了，这一款明天要涨价。5秒钟之后，你直接给我从小黄车里删掉链接！姐妹们，如果还有你的尺码你赶紧拍，没有你的尺码你自己点好关注，要么明天正价买，要么等我下一款。（倒计时营造活动氛围）

技巧点拨

主播介绍完产品后，在直播间停留的基本就是两类用户：第一

类是未下单的用户，他们待在直播间，犹豫要不要下单；第二类是已经下单的用户，他们还没有付款，怕付款了后悔。他们都有明确的购物意向，不然也不会停留。但是如果不及时踢单，会影响其他人下单。

16_ 产品售后：用户怕买完不合适，如何打消其顾虑

场景1 用运费险打消用户顾虑

普通说法 不用担心买完不合适，我们家支持7天无理由退换货且赠送运费险，让你购买无忧。

进阶说法1 ××宝宝，我理解你的担心，买东西确实就怕买错浪费钱。我们产品质量的好，我说得再怎么天花乱坠，也不如您亲眼所见。今天全店赠送运费险，7天无理由退换货！您可以放心下单，不合适，立马退！

话术公式	肯定顾虑＋给出保障福利＋引导下单

技巧点拨

用户有顾虑非常正常，主播用保障福利打消用户顾虑的同时，可以引导用户下单，促进成交。

进阶说法2 有没有第一次来我直播间想买但是犹豫的姐妹，来，把关注给我点一下，你我不再是陌生人。

如果你之前没有在我们家消费过，在公屏上扣个"新粉"，我们家其他的产品你现在不要买，就买我身上这件衬衣，咱们交个朋友。

扣了"新粉"的，运营小哥，你帮我标注一下，我给他们补贴运费险，我们家并不是买所有衣服都有运费险的。我对我们家衣服的质量真的很有信心，但是我希望让新粉安心。这个运费险不是对质量的保证，而是如果你收到货不喜欢或尺码不对，给你包来回运费。

老粉呢，你们如果买得多，我就不给你们安排运费险了，我们家衣服的质量和售后，你们懂的。

话术公式	肯定顾虑＋识别新老用户＋给出门槛＋给出保障福利

（技巧点拨）

售后服务一般包括运费险、7 天无理由退换货。简单说出提供售后服务，用户只会觉得普普通通。加上一定的门槛，则可以让用户进一步感知到售后服务的价值。

场景2　介绍运费险不触发直播间违规

⊗ **违禁话术 1** 拍了的回个"已拍"，送你运费险！（诱导性互动）

⊗ **违禁话术 2** 来回的运费都由我承包，宝宝们一分钱都不用掏！（过度承诺）

推荐说法 宝宝们，在我直播间，无论你是新粉还是老粉，只要你下单了，不仅给你送一个小礼品，再给你送运费险。拍了的都有运费险！对产品不满意的话，别担心，直接退货！你们担心产品不合适，我都明白，再好的东西都会让人有不满意的时候。别人是卖货，我们是交朋友、卖服务，我们家做了那么久的产品，就是想让你们随心体验。

技巧点拨

在直播间要注意"运费险"的相关话术。首先，运费险有就有，没有就没有，不能欺骗用户。其次，运费险的作用是为用户报销运费，但有时并不能完全报销，所以不能夸下海口，过度承诺，说出类似"一分钱都不用掏"这样的话。

第 5 章

场控协助：

打好配合，
把控直播节奏

01_ 开播气氛：场控这样说，能留住用户

场控，相当于直播间的助理，负责协助主播进行直播。他们会补充主播说的话，辅助主播介绍产品，与主播或用户互动，活跃气氛……场控的话术有与主播相似的地方，也有独特的地方。

场景1 开场介绍

<u>普通说法</u>

欢迎所有新进直播间的姐妹，今晚我们新上了非常多好看的衣服，姐妹们一定要留在直播间，不要走开。

<u>进阶说法</u>

欢迎新进直播间的姐妹们，你们真的太走运了，我们家是做了 10 年的服装工厂，这个直播间相当于我们在 ×× 平台的工厂直营店，所有衣服在直播价的基础上还能折上折。

这场直播的小黄车中展示的都是现货，你们拍下以后我们会急速发货，衣服会用"飞机礼盒"包装，而且每一单都赠送运费险。

话术公式	欢迎用户 + 介绍直播间优势 + 介绍优惠 + 介绍下单福利

（技巧点拨）

在开场的时候，场控可以学习主播，用简单的话术快速介绍直播间的优势，留住用户，等待主播上场。

场景 2 开场预热

普通说法

直播间的姐妹们，我们的主播马上就要来了，直播马上就正式开始，大家期待一下！

进阶说法

● 天气好、心情好，家人朋友们，上午好！咱们今天的精彩直播马上就要开始了，大家看向我们的主播！

● 宝宝们，想不想听咱们的主播介绍今天的产品？想不想？想的宝宝把"1"扣在公屏上，让我们热烈欢迎主播姐姐！

● 今天进直播间的姐妹和我们主播一样，眼光好、品味好，颜值也超高，今天的产品肯定都很适合你们。期待的姐妹扣"1"！

（技巧点拨）

开场时，场控要配合主播，及时用热情的话术烘托氛围，引导直播间用户将注意力转移到主播身上和即将开始的直播上。

场景 3 开场预告

普通说法

姐妹们，还有一分钟就要开播了！

推荐说法

● 直播间里的 300 个姐妹不要走啊，等一下整点的时候主播给大家安排一拨儿礼物！

● 有的姐妹想看 4 号链接，有的姐妹想看 6 号链接。今天的新款很多，你们想看哪个，就在公屏上扣哪个，你扣得多，主播来了之后就优先介绍你想看的。

● 姐妹们，今天我们的优惠力度你们可能想象不到！昨天没抢到货的姐妹，今天你们来对了，今天主播给你们安排了特别优惠返场！

技巧点拨

场控要在主播没有入场的情况下预告今天的直播内容，用活动、产品、福利等要素吸引用户，引导用户留下来等待主播入场。

02_ 卖点加强：主播讲卖点，场控如何配合

普通说法

是的，宝贝们，这款产品真的很好用！

进阶说法

● 宝宝们，我们这款 ×× 产品真的很好用哦！你们中有没有 ××× 的情况，这种情况是不是很让人头疼？

● 我们主播每天都在用这款产品，你看我们主播是不是没有不适感，没有 ××× 的情况，你还犹豫什么呀？

● 我们家是送运费险的，支持 7 天无理由退换货。我们直播间今天就是来给大家送福利的，但是我们的库存比较少，能拍就是有货，不能拍就是没有货。

话术公式	用户痛点 / 用后感受 / 售后服务 / 库存数量……

技巧点拨

场控可以根据主播正在讲的内容，灵活地选择公式里的内容进行补充说明，让主播的话更加可信。

更多话术示例

（1）主播介绍产品的适用场景。

场控： 咱们主播说得对，相信很多人和她、和我一样，都曾经为某些问题而苦恼过。比如，每天长时间对着计算机工作，眼睛容易疲劳不适；出门旅游时，找不到合适的插座。针对大家的这些问题，我们直播间今天带来的这款×××产品，可以帮助大家解决这些问题。请大家继续听主播讲解！

（2）主播介绍自己使用产品的感受。

场控： 主播说得太好了！我也是使用者，已经使用了这款产品半年的时间，它不仅可以缓解眼部疲劳，还可以为我的手机高效充电。使用感受真的很棒，我相信很多人也会有同样的感受。

（3）主播介绍运费险。

场控： 是的，我们家是送运费险的，支持7天无理由退换货！如果您在使用过程中遇到任何问题，都可以联系我们，不用担心！

（4）主播介绍完一款产品后上链接，催下单。

场控： 我要提醒大家，×××是今天直播间的福利产品，库存不多，喜欢的伙伴要抓紧时间啦！

03_ 上架促单：产品上架前后，如何提升下单数

普通说法

好，我们的产品已经上架，各位姐妹抓紧时间抢啦！

场景1 当主播对即将上架的产品介绍有遗漏时

进阶说法

● 来，主播先不上架，我再强调一句。姐妹们，一会儿能下单的尽量下单，这一款专柜价599元，直播间我们给姐妹们两位数的价格，明天就不是这个价格了。明天开始大家不要在我们直播间和主播说没拍到，或者说价格变高了啊。

● 宝宝们，咱们主播说的大家都理解了没有？我再补充两句啊！我们是为了回馈粉丝们的支持才将价格降到这个程度的，新朋友、老朋友一定要珍惜这个机会。好，一、二、三，咱们开始！

(技巧点拨)

场控要仔细听主播说的内容，发现缺漏要适时补充。

场景2 当主播介绍完产品，开始上架时

进阶说法

● 好，大家准备好拼手速、拼网速，这次直播加不了库存，只有这么多！我们的产品已经上架，抢到了的宝宝打3遍"抢到了"！

- 付款后 24 小时内发货，支持 7 天无理由退换货，售后无忧，产品有任何质量问题，来回运费由主播承担。

- 后台检测到还有 3 个姐妹拍下没付款，3 分钟内还没付款，我们就要踢单了。真正想要的姐妹，因为没库存而抢不到也是很可惜的！还有两件，姐妹们赶紧去拍！

话术公式	强调产品库存少 / 用售后保障打消用户顾虑 / 报库存、促单（可组合使用）

（技巧点拨）

场控作为主播的助理，要用及时促单的技巧（比如报库存、提示踢单等），增加直播间用户的紧迫感。

04_ 催促上架：用户催促主播上架，场控如何回复

普通说法

马上就上架了，姐妹们准备好拼手速和网速。

进阶说法

- 主播也想快点儿上架，主播没有说一句废话，都是为了让大家听得清清楚楚、明明白白。很多姐妹因为价格便宜没听清楚产品信息就拍，拍错尺码的姐妹也很多。

- 姐妹，主播也不想被嫌弃，直播间进进出出的人很多，主播是负责的主播，想让每个姐妹都能抢到。

- 这么大的福利，希望走进我们直播间的，不管是新粉还是老粉，只要是报了名的，都能抢到。

（技巧点拨）

产品上架时场控要处理的问题有两种。如果马上要上架了，场控可以直接回应让大家准备好，产品马上上架；如果还需要一些时间，可以从用户利益的角度（比如讲解清楚、让新进来的用户能跟上等）来解释原因。

05_ 引导下单：如何增加购物车的点击量

普通说法

新进直播间的姐妹们，可以点点直播间下方的购物车。喜欢什么不用犹豫，抓紧下单了！

进阶说法 1

- 新进直播间的姐妹们，左下角的小黄车里有很多新款。姐妹们可以浏览一下，有喜欢的产品就把链接序号扣在公屏上，我来讲解。有没有姐妹喜欢主播正在介绍的这款？喜欢的扣"1"，喜欢的人多，我就给姐妹们炸一拨儿福利。

- 新进直播间的姐妹们，我们今天为大家带来的是×××，它可以有效缓解眼部疲劳，同时它还有充电功能，非常方便。今天这款产品优惠力度大，只需花 ××× 元即可拥有，新进直播间的姐妹赶紧点击下方的购物车，还有 10 个优惠名额，千万不要错过。

技巧点拨

对新进直播间的用户，可以利用他们初来乍到时的好奇心，引导他们点击购物车，查看产品。

进阶说法 2

姐妹们，看了这么久直播，你们是不是已经心动了？如果你对这款 ××× 心动，还可以看一下它的搭配产品 ×××。购买这款产品两件或者这款产品与其他产品组合购买，还可以再减 ×× 元，价格更实惠哦！快点击购物车抢购吧！

技巧点拨

在直播间观看已久的用户，他们往往有比较强的购买欲望，场控可引导他们下单，同时将他们的注意力引到其他产品上。

从以下 3 个角度讲解有助于引导用户点击购物车。

（1）**强调产品特色和福利**。场控可以通过强调产品的特色和福利，如产品功效、品质保证、附加礼品等来激发用户的兴趣。

（2）**推荐组合套餐**。通过推荐优惠力度更大的套餐，来刺激用户的购买欲望。

（3）**用限时优惠和限量抢购**。设置购买时限或者数量限制，刺激用户的购买欲望。

06_ 库存报数：如何用加库存，提升互动率

<u>普通说法</u> 　来，这款产品有多少姐妹想要？想要的姐妹把"1"打在评论区。

<u>进阶说法</u> 　好，想要这款产品的姐妹现在先点关注，再在评论区扣三遍"333"报名，你们不扣，我们不知道有多少人想要，待会儿产品上少了，你们可能抢不到！现在已经有 35 个姐妹扣了"333"，但是报名成功的只有 8 个，因为很多姐妹只扣了一遍"333"！

姐妹们多扣几遍"333"，我们好给大家继续加库存。

现在有 58 个姐妹扣了，有 16 个报名成功了。×× 姐妹，库存已经给你加上了！

后台又检测到两个姐妹报名成功，给大家加两件库存。报名时间还有最后 10 秒，还没有报名的赶紧扣"333"。

新进直播间的姐妹们，还没报名的，赶紧点关注，然后扣"333"。公屏滚动得比较快，你们扣起来我们才看得到。我们直播间精准加库存，有多少人报名就补多少件。

话术公式	制定报名规则 + 实时报数 + 点名用户 + 欢迎新用户 + 话术循环

技巧点拨

"报数""倒计时"是控场的重要技能，在合适的时机喊出数字，能有效地烘托气氛。如果直播间人数较少，可以采用报数后精准上产品的方式提升互动率，提升直播间的人气。

07_ 重新上架：产品刚卖完，如何引导用户互动

普通说法　刚才有人说没有抢到这款产品，是吗？那我让主播再给大家加 10 件！

进阶说法　姐妹们，我插一句，还有多少姐妹想要但是没抢到，没抢到的在公屏上打"没抢到"。

今天这个活动，我们是贴邮费给大家送福利。我看一下想要的人多不多。想要的人数多，主播才能给大家再申请一拨儿福利；想要的人数不多，主播就介绍下一款了。

没抢到的姐妹，打"没抢到"，主播才能申请加库存。

技巧点拨

在产品卖空时，场控要先统计有购买意向的用户，再补库存。这样能够提升销量，并且增强用户的购买意愿。

08_ 提升关注：引导用户关注直播间时，如何让用户更配合

普通说法

欢迎新进直播间的姐妹，在左上角点一点，关注一下我们主播，才能参与今晚的福利活动哟！

进阶说法

● 　欢迎新进直播间的姐妹，想参加今晚（周年庆）活动

的，第一次刷到我们直播间的姐妹，可以在左上角点个关注。这一轮抢不到的等下一轮，下一轮抢不到，明天还可以通过关注列表来继续抢。我的天，已经有 32 个姐妹在左上角帮我们点了关注。关注了我们的姐妹更容易抢到！

● 所有已经下单的宝宝，直接点击左上角的小爱心，加入咱们的粉丝团。今天 1 号链接的产品已经爆单了，所有加入粉丝团的宝宝，咱们安排优先给你们发货，并且支持 7 天无理由退换货。后台小哥哥记得做好登记，今天下午就开始排单！已经有 16 个宝宝加入粉丝团了！还没有加团的宝宝们抓紧时间！

(技巧点拨)

新用户进入直播间时，可利用福利吸引他们关注；也可以利用从众心理，通过介绍其他用户的行动，来激发他们关注。

09_ 承接流量：直播间人数突增，如何提升新用户的下单率

场景1 当直播间有大量的人进入时，主播正在讲解产品

推荐说法 我插一句啊，看到好多宝宝刚来，你们也想要这一款啊？运营小哥赶紧去联系一下工厂，问问今天晚上能不能加急出货。如果能，我们给所有的宝宝再安排一拨儿，好不好？来，我们主播继续讲，还有好多好东西在后面，给你们准备了很多惊喜！

话术公式	巧妙插入 + 加急上架 + 引导切换

（技巧点拨）

　　直播间有大量的人进入时，场控应该做的是提醒主播快速上架产品，引导用户购买。同时，场控应在公屏和评论区进行引导，帮助主播顺利快速切换到爆款产品。

场景 2　当直播间有大量的人进入时，刚好卖完一批库存

　　推荐说法　姐妹们，你们手速好快！30秒，我们的库存直接卖空了。是不是有刚来的姐妹不知道现在在拍啥？来，我们主播给大家快速展示一下，这个×××卖得太好了，刚刚被抢光！

　　还有这么多没有抢到的姐妹，来，后台，赶紧把咱们最后一拨儿库存直接上架，大不了明天不播了呗！直播间所有姐妹赶紧准备好，拼手速、拼网速！

　　现在给新来的姐妹炸一拨儿福利，咱们家这款日销万件的×××，买了不亏！来，倒计时5秒钟！五、四、三、二、一，上架！

话术公式	向新用户介绍产品 + 催促补货 + 倒计时

（技巧点拨）

　　一批库存刚好卖完，可借助大流量再次上架，让新用户也加入购物的热潮中。

*10_* 突发情况：主播不在状态，场控怎么办

推荐说法

- （主播语速过慢）来，×姐（主播名），我们说快一些，很多姐妹都在等，着急抢！
- （主播语速过快）我发现有姐妹说没听清楚，好，那我们主播稍微说得慢一些。

技巧点拨

很多新手场控不敢去打断主播的话。但是场控要明白，直播是以用户为核心的，重要的是让用户看得舒服、听得舒服。场控必须从第三方视角，根据直播间的反馈情况，及时帮助主播调整状态和话术。

*11_* 中场过渡：场控如何暖场，保持人气

普通说法

姐妹们等一下，主播去换另外一款。喜欢刚才这款产品的姐妹，可以直接下单啦！

进阶说法

- 宝宝们稍等一下，主播去给我们换下一个款式。大家可以把身高、体重扣在公屏上，我好给大家推荐尺码。没有点关注的宝宝，点一点关注，点亮一下灯牌。大家可以去看下小黄

车里的产品，有喜欢的可以把链接序号扣在公屏上，哪一个被扣得多主播就给大家优先试穿哪一款。

● 主播身上 / 手里这款 ×× 在下方小黄车里对应的是 × 号链接。还不知道拍什么尺码的宝贝可以把身高、体重打在公屏上，我给你推荐一下尺码。想看颜色的宝贝，可以把自己需要的颜色打在公屏上，哪种颜色发得多，待会儿主播就先给大家展示哪一种。

（技巧点拨）

在主播换款的过程中，气氛容易冷，场控此时可以和用户进行互动，解答用户在评论区提出的问题，进行点对点的销售。

12_ 直播落幕：场控如何配合主播，让直播完美落幕

推荐说法 1

主播： 时间真的过得好快，又到了下播时间。真的舍不得各位家人！谢谢直播间里的各位哥哥、姐姐，感谢你们送给我的一花一草！

场控： 美好的时光总是短暂的，如果家人们在直播间感受到了快乐，请记住我们直播间，记住我们主播！

（技巧点拨）

场控配合主播，加深直播间用户对主播的印象。

推荐说法 2

主播：感谢大家送的每一份礼物，感谢大家扣的每个"666"，感谢大家帮我们维护直播间的秩序，感谢大家一下午的守护！

场控：世间一束花正开，花开全靠万人栽！千言万语笑不尽，欢迎明日君再来！

（技巧点拨）

在致谢阶段，场控应及时渲染感人的氛围，并呼吁用户下次再来，增强用户黏性。

推荐说法 3

主播：真的谢谢大家，谢谢，谢谢！请大家有序退场，让我成为直播间最后一个人！

场控：我们会在直播间目送大家离开，再见！今天的福利明天也有，明天的福利更加让人惊喜，明天不见不散！

（技巧点拨）

送用户离场的阶段，场控和主播配合，营造出"恭送大家离开"的氛围，让用户感到自己被重视。同时可以预告下一次直播的内容，勾起用户的好奇心。

第 6 章

下播致谢：

表达感谢，拉近与用户的距离，
让用户下次还来

01_ 下播祝福：真诚祝福用户，轻松拉近与用户的距离

普通说法　家人们，我要下播了，咱们明天见！

进阶说法 1　通用祝福话术

● 今晚的直播就要结束了，时间匆匆而过，我有点儿不舍。我要感谢每一位用户给予我的支持和陪伴，你们如流星一般划过我的生命，让我留下了美好的回忆。

● 时间转瞬即逝，又要和大家告别了。在离别之前，我想提醒大家：要好好儿爱护自己，只有照顾好自己，才能够更好地照顾周围的人。祝大家身体健康、心情愉悦！下次见面时，让我们一起展现最美的自己！

● 嘿，小伙伴们，我先跑了哦，我要好好儿照顾自己才能更好地陪伴你们！感谢大家今晚的关注和陪伴！虽然我们即将分别，但是请大家不要忘记这个夜晚，不要忘记我们的故事。

● 时间过得真快啊，一眨眼就要结束直播了，但是我们的故事才刚刚开始。谢谢你们每一个人的陪伴和关注，你们的支持是我前进的动力！我相信我们会在下次的直播中再次相遇！

● 在这个世界上，有许多温暖而珍贵的事物，比如阳光、绿树和你们的陪伴。感谢大家的支持和信任，也希望大家能够拥有一个温馨而美好的夜晚！下次直播见，我们一起点亮世界！

技巧点拨

下播前，给用户送上真挚的祝福，有助于快速拉近主播和用户

的距离。

进阶说法2　新人下播话术

● 家人们，快乐的时光总是这么短暂，又到了和大家说再见的时候！虽然我们的直播间人不多，但是我非常感谢每天来看我、支持我、守护我的家人们。你们的支持就是我每天直播的最大动力。

● 我知道在××平台上有很多比我优秀、比我人气高的主播，但是有你们的守护，我的每天都很幸福。

● 我不知道这条路能走多远，但是我希望每天都能见到你们陪伴的身影。你们送我的每一份礼物我都记在心里，它们是我这辈子值得珍惜的。

● 自从在直播间里和大家相遇，我便不会在意别人看我的眼光，因为我知道这里有你们在，我不需要刻意去讨好谁，也不需要伪装自己，做真实的自己就好。

● 成功靠朋友。再次感谢关心和支持我的朋友，感恩同行，感恩相伴，谢谢你们的陪伴！

技巧点拨

新人主播打好感情牌，容易打动用户，收获自己的第一批粉丝。

进阶说法3　幽默下播话术

● 我要下播了，宝宝们！谢谢每一位陪伴我到现在的家人！我不播的时候，我知道你们也会看别的主播直播。随便看！但你们要记得我这里才是"家"哦！虽说主播很多，但我只有一个啊！

- 我真想不吃、不喝、不睡地和你们聊天，但这怎么转眼就到下播时间了？传说天上一天地上一年，这里时间过得这么快，难道是因为直播间的姐妹们都是天上的仙女？

- 这一款拍完，又到了我们的下播时间。明天这个时候我继续为哥哥姐姐、弟弟妹妹分享好货，准备好你们的钱包！如果没有钱包，空着手来也行，陪你们聊天，主播我高兴。

(技巧点拨)

下播时可以选择风格幽默的话术，加强用户的记忆。这不仅会让用户对主播产生好感，也更容易吸引用户回到直播间。

02_ 提升关注：如何让用户关注直播间，成为回头客

普通说法

我要下播了，还没有关注我的宝宝记得关注我哦！

进阶说法1

感谢××位家人陪我到下播，更感谢从开播一直陪我到下播的×××、×××（榜单上的用户，点名即可）。陪伴是长情的告白，你们的爱意我记在心里了。

(技巧点拨)

对用户的陪伴表示感谢，可以把在直播间长时间停留、积极互

动的粉丝的昵称念出来，并表示感谢，让他们感受到主播的真诚，吸引他们持续关注主播。

进阶说法 2

今天的直播接近尾声了，明天晚上 × 点到 × 点直播！明天是美妆节，我给大家准备了 50 多款好物，其中就有你们特别喜欢的 ××、×× 和 ××，价格都会比平时的价格低。没点关注的记得在左上角点关注，免得错过直播！明天开场我们会抽一份大奖，还会发红包。没点关注的记得点一下关注；点了关注，到时候平台会提醒你，免得你错过大奖。姐妹们奔走相告啊！

（技巧点拨）

在下播前对下次的直播进行预告，让用户有期待，以此提升用户对直播间的关注度，让用户观看下次直播。

进阶说法 3

● 我还有一分钟就下播了，非常感谢大家的陪伴，今天和大家度过了非常愉快的时光，最后给大家抽个奖，好不好？（发福利）大家关注了我，就会在我下次开播时自动收到提醒信息，也就不会错过我们直播间的福利和干货了。

● 离下播还有 20 分钟，想到不能和姐妹们在一起了，我还有点儿伤心。这样吧，最后给姐妹们发一次红包，你们一定要记住我哦！

技巧点拨

下播前主播可以再安排一拨儿福利，提升用户的关注度。

03_ 展示价值：低调亮出实力，让用户更信任主播

普通说法

今天的直播分享非常有价值，大家听到就是赚到！

进阶说法

今天我们的直播就到这里了，今天我给大家分享的都是你们工作中能用到的实用方法。我在给500强企业做内训的时候，这些方法也特别受欢迎（展示评价的截图）。

不实用的方法都被我们团队层层筛掉了，请大家放心。喜欢我的记得在左上角点个关注哟，下周我继续给大家分享！

话术公式	说明价值 + 展示好评 + 说明理念 + 引导关注

技巧点拨

下播前低调亮出实力，让用户认识到本场直播的价值所在，提升用户的信任度和关注度。

04_ 中奖提醒：提醒中奖用户点关注，增强用户黏性

普通说法　今天中奖的朋友记得找我们领取奖品！

进阶说法　我今晚直播了 3 个小时，发了 100 份奖品，今晚发出的奖品是我花了 3 天时间，用心为大家准备的。所有中奖的"锦鲤"，没关注我的，记得在直播间左上角点个关注啊，不然我们没法儿联系到你哦！今天直播结束后，我会安排工作人员在 48 小时内和大家联系，收集地址，完成礼物的寄送，大家耐心等待即可！

话术公式	描述奖品 + 引导关注

技巧点拨

提醒用户领奖也是"圈粉"、引导关注的重要一环。下播时要说清领奖方式，不要让用户着急，以免好事变坏事。

05_ 售后话术：两套话术，减少退款问题

场景1　发货慢时安抚用户

普通说法　这次发货会慢一点儿，大家耐心等待哦！

进阶说法　大家今天在直播间下单的衣服是我们家的爆款，而且今天大家实在太热情了，我们直播间直接爆单了，库存数量已经不够了。我们会抓紧时间联系厂家补货，给大家安排发

货！今天在直播间用这个价格抢到衣服的宝宝特别幸运，请耐心等待衣服送到你的手中，谢谢大家！

话术公式	说明产品销售火爆 + 说明处理方案 + 安抚用户

技巧点拨

如果发货不及时，用户可能会直接退款。主播在直播间可以多强调产品销售火爆，安抚用户，让用户耐心等待，以免用户轻易退款。

场景2　提醒用户与客服沟通

普通说法　若产品有问题，可以联系我们的客服哦！

进阶说法　宝宝们，产品拿到手后，如果有任何问题，千万不要憋着，别让自己不开心。大家可以在直播间左上角点关注，然后有任何问题都可以联系我们店铺的客服小姐姐，她会帮大家解决。无法解决的话，我们的产品支持7天无理由退换货。我一定让大家买得既开心，又安心！

话术公式	引导用户联系客服 + 引导关注 + 退换承诺

技巧点拨

部分用户在拿到产品后，如果对产品不满意，会选择直接退款甚至直接给产品打差评。主播在直播时可以提醒用户在遇到问题时与客服沟通，以此减少退款问题。

06_ 留住新粉：4 种感谢用语，让新粉变"真爱粉"

普通说法

感谢大家，第一次看我直播的宝宝也可以关注我哦！

进阶说法

- 感谢××、×××、××！虽然你们是第一次来我的直播间，但却能够陪我完成整场直播。虽然时间很短暂，但你们的陪伴，让我不孤独，让我的直播间更热闹。期待下一次的相遇。

- 感谢××的大力支持，你真是一个很有眼光的人，肯定是看到我的潜力了。虽然我们相识不久，但请你相信自己的眼光，我也一定会继续努力。

- 谢谢××，你整晚都在帮助我控场，真的很感谢你！你这样的粉丝简直太贴心了，虽然是第一次来我直播间，但你积极配合我，真心感谢！

- 感谢×××、××的陪伴，虽然你们一直沉默，但我相信你们肯定也在认真看我直播。或许是我直播的内容不够好，所以你们才沉默。但我相信下一次我们相遇的时候，我直播的内容你们会感兴趣，你们会和我互动。

技巧点拨

主播要一对一、点对点地感谢新粉，体现主播的真诚。几句主播自己说起来舒服，别人听起来生动、自然的感谢语，能够打动新粉，从而将新粉转化为老粉、"真爱粉"。

07_ 正式下播：下播要有仪式感

普通说法

到下播时间了，家人们再见啦！

进阶说法

● 轻轻地我走了，正如我轻轻地来。感谢各位的厚爱，其实不想跟大家说再见，不过因为时间关系，这次直播马上要结束了。最后给大家放一首好听的歌曲，结束今天的直播，下次再见！

● 女士们，先生们，列车马上就要到达本次旅行的终点站"下播站"。请大家做好下车准备，不要忘了点关注、亮灯牌。明天早上 8 点为列车出发的时间。再次感谢大家对本次旅行的理解和支持，祝大家心情愉快，我们下次旅行再会！

● 我这个人不喜欢说再见，因为你永远不知道再见是什么时候，改天是哪一天。所以我觉得咱们应该说"明天见"。来，家人们在公屏上打一拨儿"明天见"。祝大家天天开心，事事顺心，家和万事兴，明天见！

技巧点拨

下播前可以设计一些仪式，或走温情路线，或走幽默路线。在告别时刻，主播暖心的下播话术是加分项。

第 7 章

紧急应对：

学会危机处理，
无惧直播意外

01_ 设备故障：设备突然失灵，怎么办

普通说法

大家稍等一下，我们的补光灯 / 网线有点儿问题。

进阶说法

- 看来大家太热情了，连我的补光灯都不堪重负被热爆了！不过这不影响什么，为了感谢大家这么热情，接下来我给大家唱首歌，好不好？

- 抱歉宝子们，刚才我太兴奋了，不小心一脚把网线踹断了，网络断了一下……我的脚怎么踢得这么准啊！

- 画面卡了，今天技术小哥的"鸡腿"没有了啊！大家别急，稍等一会儿，我给大家发红包，好不好？感谢大家的支持啊！

技巧点拨

对于不影响直播继续进行的设备故障，主播可以用幽默的语言或者福利稳住直播间的用户。

02_ 直播卡壳：突然忘词，怎么办

不管是什么产品，不管在产品介绍的哪一个阶段，只要直播节奏乱了，以下 3 套救场话术都能直接套用，从而稳住用户，提高转化率。

救场话术 1　强调福利性

- 姐妹们，今天是为了回馈老粉，同时想跟新粉交朋友，不然我不会开出这样的价格。

- 老粉都知道这种爆款一直都是卖多少钱来着，×××元，对不对？现在这个价是跳水价。

- 这个款以现在这个价格卖，我是不赚钱的，冲到×万粉我就会把价格调回去！

- 这个款和商场专柜的款是一模一样的，但价格却便宜了×××元……

技巧点拨

忘词时，可以重复直播间的福利，强调拍下产品就是"占到便宜"，救场的同时稳住用户。

救场话术 2　展示产品

- 姐妹们，这款产品我一直都在用，我身边的人也都很喜欢。

- 姐妹们，犹豫的话就选我身上 / 我手上 / 桌子上这一款好了，这是咱们卖得超好的新款，其他款你可以之后再考虑。

- 这款的质量大家有目共睹吧，我们好多老粉一直在买。买过的老粉在公屏上打个"1"……

以上话术可用于夸赞产品质量好的场合。另外，主播还可以通过呼吁粉丝互动的方式在忘词时寻找话题。

救场话术3　表示产品数量不多

现货今天只有70件，因为这款是老师傅手工定制的量少但东西很精致。直播间里现在有200多人，不是每个人都能抢到的，所以一会儿大家一定要提前准备好哦！

（技巧点拨）

忘词时可以以数量为切入点，用话术表示产品数量不多，再借机将后面的话题串起来。

更多话术

- 没点关注的点关注，没加粉丝团的加粉丝团！（关注）
- 有没有新进来的姐妹？待会儿给新进来的姐妹介绍今天的福利！（互动）
- 今天是十月金秋嘉年华，全场福利等你拿。（主题）
- 今天我们供货工厂入驻××平台，就是要让你们用两位数的价格买到三位数价格的品质！（初心）
- 活动预告、福利预告、产品预告（预告）
- 我看到好多老粉来回购，第一次来的用户可以看看咱家的口碑分和好评率。（信任）

没话说时、忘词时、过渡时……没有太多注意事项，也不需要注重前后逻辑，把这些话术放在哪里都可以。

03_ 信任危机：用户的问题无法立即回答，怎么办

普通说法 1　不好意思啊，这个问题我也不太清楚，我下去想想。

进阶说法 1　××宝贝提了一个特别好的问题，我们直播间有没有课代表能回答一下？第一个答出来的，我送一瓶××（小礼品），好不好？

技巧点拨

被提问难住，直接承认自己不会，可能会让氛围显得尴尬。此时可将用户提问转化为互动送福利的机会，邀请其他用户帮忙回答问题。

普通说法 2　这个问题今天我已经回答过了。

进阶说法 2　××同学这个问题提得真好啊，还有没有同学想了解？想了解的回复个"1"让我看看。这么多同学啊，那我下次专门给大家准备案例、解答这个问题，好不好？你们一定要关注我的直播间，不要错过我讲这个问题的时间哦！

技巧点拨

化危机为机会，引导用户关注直播间，下次直播再回答问题。

普通说法3 这个问题之前我讲过，谁能帮我回答一下？

进阶说法3 ×××（用户名），你这个问题我答过很多次，我们的图书《×××》里面就有答案，不光是你这个问题，还包括直播时设备故障怎么办，直播时突然卡壳怎么办，直播时有人给差评怎么办等，书里都有答案。你们要不要学啊？这些都是我的实战"翻车"经验的总结，都是我的血泪史啊！

今天大家如果想了解，我给8折优惠！

技巧点拨

当自己的产品与用户提出的问题相关时，化用户的提问为宣传产品的机会，借势进行产品宣传。

04_ 用户"点菜"：用户想看其他款，主播如何稳住节奏

场景1 用户想看的款直播间没有货

普通说法 不好意思宝宝，感谢你的喜欢，但这一款我们现在还没有货。

进阶说法 来，××宝宝，你想要主播身上这个包包，是

不是？主播身上这个包包现在正在备货当中，我今天正在跟厂家那边调货。宝宝们，如果你们想要，先给主播点个关注，我3天之后可能会给你们上一拨儿福利，花不到一杯奶茶的钱，你们就能把这款包包拿回去！

话术公式	回应用户 + 解释产品货源状况 + 引导关注 + 预告福利

技巧点拨

用户在直播间"点菜"，想要这个、想要那个，但直播间并没有备货怎么办？此时不要直接拒绝用户，可以引导他们点关注，并告知会有哪些福利。

场景2 **用户想看的款直播间有货**

推荐说法 来，××宝宝想要我身上这条裤子对不对？宝宝你听好了，我一会儿给你们发福利。我们3天之后这条裤子要上新款，可能要卖到399元。一会儿用福利价给你们上链接，喜欢我身上这条裤子的可以直接去抢。但是宝宝你记住了，这条裤子的优惠力度远不及我身上这件外套，这件外套真的是给了你们一个极低的价格。看好了，这件外套是羊绒的……质量特别好！

话术公式	回应用户 + 预告福利 + 对比讲解 + 介绍产品

技巧点拨

就算直播间有用户想看的产品，主播也不能被用户带着走，一定要把正在做的拉人气、转化、讲款等事情做好之后，再决定继续讲解哪个款。

当有用户"点菜"时，可用对比的话术。将用户想看的款与主播想讲的款进行对比，突出主播想讲的款更实惠、更优质。

05_ 身体异常：身体突然不适，如何应对

普通说法

不好意思啊大家，我嗓子不舒服，我先喝口水！

进阶说法

● 不行，今晚你们太热情了，我激动得都开始咳嗽了，等我喝杯润嗓的茶，再向大家继续分享。有没有同学喜欢我这个茶的，想要的评论区回复个"想"，我给大家来一拨儿福袋抽奖，我们一起喝茶！

● 听说打喷嚏就是有人想，看来一天没开播，有人就想我了啊。为了对得起大家的这份想念，我在直播间左上角给大家上个福袋，用我爱吃的×××（产品名）给大家抽个奖。大家今天一边抽奖，一边听分享，好不好？

（技巧点拨）

遇到咳嗽、打喷嚏等轻微的身体不适时，可幽默地调侃一下，并以此为由在直播间送福利，同时也能活跃直播间氛围，创造互动机会。

06_ 要求无理：用户提出无理要求，怎么回复

场景1 用户问"能不能再播两个小时"

　　普通说法　不行啊亲爱的，我们今晚的直播要结束了，你下次可以早点儿来！

　　进阶说法　特别感谢×××的关注和喜欢，但是很抱歉，明天我还要继续直播，如果这个时间还不睡觉，恐怕明天就要带着黑眼圈上播，那大家的观看体验就不好了。谢谢×××的理解，你可以关注一下直播间，明晚8点我们不见不散！

　　技巧点拨

　　对于用户提出的不合理但没有恶意的要求，主播不妨巧妙拒绝，并感谢他的关注和喜爱。

场景2 用户说"能换个主题吗，这个我早就听过了"

　　普通说法　我们今天讲这个的就是主题，下一场会有新主题的分享。

　　进阶说法　×××同学，虽然你听过了，但还有很多同学没有听过，而且他们还特别喜欢今天分享的这个主题，专门抽时间来听。来，直播间想听我继续分享主题的同学，请在评论区帮我回复一个"666"，好吗？我看很多同学想听啊！如果还想听我分享其他主题，大家在直播间左上角点关注，我每周都有分享，总有你想听的！

（技巧点拨）

直播间不同的用户会有不同的需求，主播不能被单个用户"带节奏"，影响自己的直播。此时同样可以将用户的要求转化为其关注的理由。

场景3 用户说"这么磨蹭，再不上福利我走了！"

普通说法 ××稍微等一下，先别走，我马上就上福利！

进阶说法 来到直播间的宝贝呢，我觉得都是信任我的，我得让大家听清楚我们的活动内容和福利，买得安心。而且宝贝你虽然觉得我们磨叽，但还是待了这么久，一定是很认可我们家的福利的，感谢支持。别的不说，这款裙子的价格和品质决定了它是今天直播间必拍产品之一。还有很多新进来的姐妹没有抢到，咱们必须给新来的姐妹一点儿时间。

话术公式	说明原因 + 感谢支持 + 强调福利 + 给出理由

（技巧点拨）

面对用户的不礼貌发言，主播应保持情绪稳定，有理有据地给出回应，让直播节奏恢复正常。

更多应对无理要求的话术

（1）用户说想约主播吃饭。

感谢××宝贝对我的喜爱，我现在还是个小主播，等我赚大钱了请你吃饭。

（2）用户问主播月收入是多少。

（幽默语气）瞎打听啥，刚刚够我还贷款。

（3）用户说她走了，下次再来。

家人们，看到了吗，有姐妹嫌我今天播得差，给我画了一张饼，看来我今天不用饿肚子了。

07_ 应对"黑粉"：用户对主播人身攻击，怎么办

场景1 羞辱主播外貌

推荐说法1　第一次见我不太顺眼？很正常啊，我第一次见我闺蜜，也觉得不太顺眼，谁能想到后来关系那么密切呢？多看几次我的直播，多给彼此一点儿时间互相了解，也许你就会发现，其实我是你喜欢的类型呢。直播间里看了好多次我的直播之后"路转粉"的粉丝，请回复个"666"，让我看看有多少人。

（技巧点拨）

用户有负面情绪时，主播不被带偏，为对方找个理由，大方地回复对方，这样主播不但不会掉粉，还可能会涨粉哦！

推荐说法2　你就知足吧！现在我开了美颜、化了妆，你要是见过我素颜的样子，你就不会觉得我现在长得丑了。长得丑，活得久；长得怪，积极又可爱。

(技巧点拨)

使用幽默的自嘲型话术，让其他粉丝看到你的大气得体。

推荐说法 3 说这个话的肯定不是我的粉丝，我知道我直播间的粉丝不会说这样没有素质的话。给大家发个红包压压惊，不要受他影响，我们继续分享！

(技巧点拨)

在正面回应"黑粉"的同时，巧妙夸奖直播间其他的粉丝，维护直播间秩序。

场景2 骂主播节奏拖沓、声音难听

普通说法

● 我这个声音是很正常的。

● 抱歉，要不我再快一点儿？

进阶说法

这位姐姐，如果你觉得我磨叨，还觉得我声音不好听，说明你对我们家的产品款式是非常感兴趣、非常喜欢的，所以着急想要听到更多信息，对不对？但如果你喜欢这个产品，也知道在别人家买不到这样的品质，看不到这样的价格，那我也希望你不要嫌我啰唆，不要嫌弃我的声音。因为我也是想多打消一些朋友的顾虑，所以才多说了这么多话。所以，如果你喜欢我们家的产品，还请不要发火。

(技巧点拨)

用户因为直播节奏拖沓而生气，此时可以将危机化为时机，借此宣传产品独一无二的价值。

场景3　嘲笑直播间没人，让主播别播了

普通说法　没人就不能播了吗？

进阶说法　朋友，你开播时有多少人呢？你要是自己直播间里有很多人，还会有工夫来这里笑话我吗？有素养的人，从来都不会不问青红皂白，一上来就嘲笑别人。朋友，良言一句三冬暖，恶语伤人六月寒。

(技巧点拨)

遇到一上来就嘲笑你没人气的人，如果影响不大，可以直接不予理睬，等待他的嘲笑消失在评论区中。但如果影响较大，可以巧妙地将问题引到他自己身上，四两拨千斤地"回击"。

场景4　指责主播是"割韭菜"的

推荐说法　这位朋友，你可以指责我，但也请你拿出我"割韭菜"的证据。你这是被别人"割"怕了，看见一个主播就觉得人家是"割韭菜"的，是吧？这样可不行。当然，如果你能拿出我欺骗大家、"割大家韭菜"的证据，我怎么弥补你都行，说到做到！

我做主播讲究的就是真诚，还是请这位朋友不要戴着有

色眼镜看直播哦。

08_ 差评处理：遇到差评不要慌，这样轻松应对

普通说法

不对啊，不可能，你买的是我们家的产品吗？

进阶说法

● 宝子，不应该啊，我们家的品质是有目共睹的。来，我让客服主动联系一下你，给你处理问题。如果产品有破损，我给你安排退换。当然偶有小瑕疵，这个是没有办法避免的，希望你可以理解。但是你放心，关注点好，灯牌亮好，你买了我们家产品回来找我，我们家 7 天无理由退换货。别说质量有问题了，就算没有质量问题，你不喜欢，我也给你退。

● 刚刚有一个宝宝在公屏上和我说，咱们家衣服有开线的情况。宝宝们，你们不用担心，之前那批货确实有 20 单左右厂家在做货时出现了问题。当时我确实粗心大意了，没有去现场监工。我已经召回了那 20 单，可能是把宝宝你的落下了啊。遇到这种情况，你千万不要担心，一定要找到我的小店客服，或者找到我，我们立刻去给你处理，给你补发，再送你一些小礼

物。如果你想退款也没有关系，7天无理由退换货和运费险我全部都给你！现在这一批货我终于长点儿心了，每天下播后立刻去工厂监工，保证我们家的货到你们手上时都是没有问题的！

话术公式	表达对产品的信心 + 说明解决方案 + 说明特殊情况 + 强调7天无理由退换货 + 承诺今后会改进

(技巧点拨)

　　面对差评，主播千万不要假装没看到。主播要不恐慌、不逃避，负责任地解决差评问题。主播必须解释为何会发生这样的情况，再提供解决方案，同时保证今后不会再出现同样的错误。遇到差评时主播态度端正，可能不但不会掉粉，反而会涨粉。